本书为湖北省一流本科课程、中国地质大学（武汉）本科教育改革研究项目“‘社会实践’一流本科课程建设”（2021G63）及湖北省高校人文社科重点研究基地开放基金项目“基于MOOC、SPOC技术平台的大学生思政课实践教学创新研究”（DXS2018004）的研究成果

“红色之旅”社会调查研究（第一辑）

朱桂莲　文　辉　严世雄　何　英　编著

华中师范大学出版社

新出图证（鄂）字 10 号
图书在版编目（CIP）数据

"红色之旅"社会调查研究. 第一辑/朱桂莲等编著. —武汉：华中师范大学出版社，2022.8
ISBN 978-7-5622-9657-7

Ⅰ. ①红… Ⅱ. ①朱… Ⅲ. ①革命纪念地—旅游业发展—社会调查—调查研究—红安县 Ⅳ. ①F592.763.4

中国版本图书馆 CIP 数据核字（2022）第 016659 号

"红色之旅"社会调查研究（第一辑）

编辑室：高等教育分社　　**电话**：027-67867364
责任编辑：刘满元　　**责任校对**：王 胜　　**封面设计**：胡 灿
出版发行：华中师范大学出版社有限责任公司
社址：湖北省武汉市洪山区珞喻路 152 号　　**邮编**：430079
电话：027-67861549
网址：http://press.ccnu.edu.cn　　**电子邮箱**：press@mail.ccnu.edu.cn
印刷：武汉市洪林印务有限公司　　**督印**：刘 敏
开本：710mm×1000mm 1/16　　**印张**：11.5　　**字数**：180 千字
版次：2022 年 8 月第 1 版　　**印次**：2022 年 8 月第 1 次印刷
定价：59.00 元

欢迎上网查询、购书

前　言

党的十八大以来，习近平总书记对高等教育发展做出了一系列重要指示，提出高等教育要做好“四个服务”，即为人民服务、为中国共产党治国理政服务、为巩固和发展中国特色社会主义制度服务、为改革开放和社会主义现代化建设服务。培养中国特色社会主义事业的合格建设者和可靠接班人，是习近平总书记对高等教育的最大关切。2018 年，教育部委托全国 92 个专业类教学指导委员会研制了《普通高等学校本科专业类教学质量国家标准》（以下简称《国家标准》）。《国家标准》制定的第一条原则就是突出学生中心，注重激发学生的学习兴趣和潜能，创新形式、改革教法、强化实践，推动本科教学从“教得好”向“学得好”转变。社会实践作为理论教学延展到实践场域的教学样态，是理论知识与实践活动相结合的重要纽带，在锻炼和培育学生的实践能力和社会责任感方面具有不可替代的重要作用。推进和加强社会实践，既是贯彻落实《国家标准》的重要体现，也是对习近平总书记对高等教育最大关切的回应。

党和国家一贯重视实践育人。近年来，中共中央、国务院出台的一系列文件，如《新时代爱国主义教育实施纲要》《新时代公民道德建设实施纲要》《关于深化新时代学校思想政治理论课改革创新的若干意见》等，都特别强调实践育人、文化育人。2020 年 4 月 28 日，教育部等八部门发布的《关于加快构建高校思想政治工作体系的意见》更是明确提出，各高校要规范实践教学，将思想政治教育融入社会实践、志愿服务、实习实训等活动中。2021 年，教育部再发文强调，各地各类学校要充分利用爱国主义教育基地、革命博物馆和纪念馆等，开展思政课实践教学。社会调查是社会实践的重要形式之一，是我们认识世界、改造世界的重要途径，也是我们党百年来“从中国实际出发，洞察时代大势”，把马克思主义基本原理与中国具体实际相结合，为中国革命、建设、改革的方针、政策制定提供可靠依据的基本方法和优良传统。推进和加强高校学生以社会调查为主要形式的社会实践，既是对党和国家关于实践育人的方针政策的贯彻落实，也是对我们党重视社会调查优良传统的继承与弘扬。

重视把思想政治教育、专业教育和服务社会相结合，培养有理想、有担当、有本领的时代新人，也是中国地质大学（武汉）办学的重要传统和特色之一。马克思主义学院在成立之初，就依托湖北省内丰厚的红色文化资源，建立红色文化实践教学基地，把以红色文化研究为主要内容的实践教学作为思想政治教育本科专业人才培养的重要特色之一，建设“红色之旅”“红色之声”等品牌课程，推进红色文化实践教学的体系化、标准化、创新化建设。在推进“红色之旅”社会实践教学的过程中，指导教师带领实践调研团队围绕社会关心关注的重大理论、热点问题，开展主题调查研究，形成了一批优秀调查报告。本书所收录的调查报告，主要聚焦于红色基因传承，红色文化教育价值及其对经济发展、乡风文明建设的作用，分析其现状、成效和存在的问题，并提出了建设性的思路和举措。对其结集出版，一方面是对“红色之旅”社会实践教学成果的阶段性总结，另一方面也是对“红色之旅”社会调查主题的梳理、反思，为下一步改进和创新社会实践的形式和内容夯实基础。

非常感谢文辉、严世雄、何英、侯志军等教师在指导调研团队选题、活动策划、问卷（访谈提纲）设计、实地调研和调查报告撰写过程中所付出的心血和智慧！非常感谢以张露露、罗悦、陈铁锋、李孟燕、赵岩、田甜、史小清为队长的各调研团队成员发扬中国地质大学（武汉）“艰苦朴素、求真务实”的校训精神，在酷暑中深入基层、农村和社区，开展实地调研，并对所掌握的信息和数据进行分析、研究，撰写社会调查报告。非常感谢本书所参考的文献的作者们，感谢他们为调查开展和报告撰写提供了理论和实践参考！也非常感谢华中师范大学出版社的编辑为本书出版付出的辛勤劳动！

朱桂莲

2021 年 7 月 27 日于南望山

目　　录

第一专题　红安县七里坪镇“红绿结合”特色小镇建设调查研究

湖北省黄冈市红安县七里坪镇是住房和城乡建设部、文化部授予的“中国历史文化名镇”，是住房和城乡建设部公布的首批特色小镇之一，是中宣部公布的“全国青少年爱国主义教育基地”之一，是湖北省红色旅游名镇。作为鄂豫皖根据地苏区革命摇篮，七里坪镇在中国革命历史上占有重要的地位，拥有丰富的红色资源；作为地处鄂豫皖三省交界的边区小镇，七里坪镇境内风光秀丽，自然景观优美，拥有丰富的绿色资源。近年来，七里坪镇抓住乡村振兴的契机，以打造国家 AAAA 级旅游风景区为目标，“红绿结合”、多措并举，推动七里坪镇的特色建设。本调研主要运用深度访谈和问卷调查的方法，对七里坪镇“红旅结合”特色小镇建设的实际建设效果、取得的经验、存在的问题进行了调查研究。

一、选题的背景与意义

（一）选题背景

城镇化是现代化的必由之路，是我国最大的内需潜力和发展动能所在。新型城镇化一端连着供给、一端连着需求，既是供需两侧发力的黄金结合点，也是一个巨大的民生工程。党中央、国务院对于新型城镇化工作高度重视，2013 年专门召开了中央城镇化工作会议；2014 年中共中央、国务院颁布了《国家新型城镇化规划（2014—2020 年）》；2015 年，专门召开了中央城市工作会议。2015 年 11 月，《中华人民共和国国民经济和社会发展第十三个五年规划纲要（建议）》提出，要发展特色县域经济，加快培育中小城市和特色小城镇。国务院印发的《关于深入推进新型城镇化的若干意见》也指出，要加快特色镇发展，推动小城镇发展与疏解大城市中心城区功能相结合、与特色产业发展相结合、与服务“三农”相结合。2015 年 12 月，习近平总书记在中央财办报送的《浙江特色小镇调研报告》

上作出重要批示，强调抓特色小镇、小城镇建设大有可为，对经济转型升级、新型城镇化建设都具有重要意义。李克强总理也强调要因地制宜，创新机制，走出特色鲜明、产城融合、惠及群众的新型小城镇之路。2016春节前，国务院印发了《关于深入推进新型城镇化建设的若干意见》。2016年2月23日，国务院又专门召开了深入推进新型城镇化电视电话会议，习近平总书记、李克强总理在会议召开前，对深入推进新型城镇化建设作出了重要批示，强调特色小镇建设是供给侧改革的重大创新，是新型城镇化的创新发展模式，是大众创业、万众创新的有效尝试，是新常态经济升级转型的重大抓手，大有作为，各地应因地制宜，打造一批特色小镇。2016年，住房和城乡建设部、国家发改委、财政部联合印发的《关于开展特色小镇培育工作的通知》指出，要建设“各具特色、富有活力的休闲旅游、商贸物流、现代制造、教育科技、传统文化、美丽宜居等特色小镇，引领带动全国小城镇建设，不断提高建设水平和发展质量”。同年，国家发改委出台的《关于加快美丽特色小（城）镇建设的指导意见》（发改规划〔2016〕2125号）指出，“特色小镇”主要指聚焦特色产业和新兴产业，集聚发展要素，不同于行政建制镇和产业园区的创新创业平台，其最终目标就是要“努力打造一批新兴产业集聚、传统产业升级、体制机制灵活、人文气息浓厚、生态环境优美的美丽特色小镇”，并规定，“特色小镇”建设主要包括五大核心特色指标：①特色鲜明的产业特色；②和谐宜居的美丽环境；③彰显特色的传统文化；④便捷完善的设施服务；⑤创新发展的体制机制。党的十九大报告也指出，要“以城市群为主体构建大中小城市和小城镇协调发展的城镇格局，加快农业转移人口市民化”。建设产城融合、宜居宜业的特色小镇，可有力推进新型城镇化建设，破解城乡二元结构难题，实现城乡统筹协调发展。上述纲领性文件和党和国家领导人的重要批示，对于打造特色小镇提出了方向性的要求，明确了特色小镇建设的着力点。

红安县七里坪镇是2016年10月14日住房和城乡建设部公布的首批217个美丽特色小镇之一，距红安县县城23千米，位于大别山南麓、鄂豫两省交界处，是中国历史文化名镇、湖北省定重点镇、红色旅游名镇。全镇面积362平方千米，辖69个行政村、1个居委会，总人口9.8万人。七里坪镇是著名的黄麻起义策源地、中国工农红军第四方面军的诞生地、中国工农红军第二十五军重建地、中国工农红军第二十八军改编地，是在土地革命时期创立的第二大革命根据地——鄂豫皖革命根据地的中心区域之一，也是143位共和国将军和省部级以上领导干部的故乡。七里坪镇号称“天下第一坪”，“家家有烈士、村村有将军”。自1927年11月黄麻起义到中华人民共和国成立，七里坪镇约有4万人（占当时全镇总人口的一半）参加了革命，有3.9万余人在战争中牺牲，其中被记录在册的烈士7500余人，为中华人民共和国的成立作出了巨大的牺牲。七里坪镇拥有众多的革命历史遗址遗迹，其中国家级重点文物保护单位有37处，还有数量众多、分布广泛的省级、县级重点文物保护单位，约占红安县全部红色资源总数的三分之一。七里坪镇长胜街不仅是国内保存最好的古代徽派建筑群之一，也是大革命时期鄂豫皖革命根据地的中心区域。长胜街全长650米，街内由北向南依次有光浩门遗址、七里坪工会、郑位三故居、苏维埃银行、红军饭堂、经济公社、中西药局、红四方面军指挥部、列宁市杨殷街旧址、革命法庭等18处革命遗址遗迹。

同时，七里坪镇拥有丰富的绿色生态资源。其中，钟灵毓秀的天台山风景区山峰雄伟，林海苍翠，河流蜿蜒，秀丽多姿。主峰天台山高817米，奇峰突起，峭立如壁，其峰顶似台，广数亩，高百余仞，势若接天。天台山环周皆石崖陡壁，仅有北宋元祐七年（1092年）开凿的石蹬一径可上，巧若天造。拾级而上，有坐忘台、抚琴处、了心关、留月岩、披云峰等十景。天台山文化底蕴深厚，不少文人墨客到此，触景生情，挥毫泼墨，欣赏吟咏。如明代耿定向、耿定理写有《天台胜概记》，文学家李贽也写有《夜宿天台》，赞美天台山的绮丽风光，此外，明代诗人李逢阳写有“岩岩直上三千仞，矗矗生成百二重”的诗句，等等。位于天台山国家森林公园内的对天河，长5.8千米，落差143米，蜿蜒流动在丛林峡谷深处，河床全由罕见的青石板构成，峡幽谷深，滩多浪急，河谷两岸奇石林立，古木参天，峭岩飞瀑，风光迷人。此外，还有杨山河吧、神奇的九焰山、艾河等自然景点。

底蕴深厚的红色文化资源和丰富的绿色生态资源，为七里坪镇走“红绿结合”特色小镇建设之路提供了独特的基础和条件。七里坪镇充分利用得天独厚的红色文化资源和绿色生态旅游资源，在深入挖掘、整合、合理开发和利用丰富的红、绿资源的基础上，既能升级传统产业，发展新兴产业，又能营造浓厚的人文气息，保护优美的生态环境，推动美丽特色小镇的建设。

（二）“红绿结合”特色小镇建设的意义

习近平总书记曾多次明确指出，生态就是资源，生态就是生产力。此外，习近平总书记也曾多次强调红色文化是我们党在革命、建设和改革中形成的宝贵精神财富，要把红色资源利用好、把红色传统发扬好、把红色基因传承好。在推进经济社会发展的实践中，利用红色资源与绿色资源，打造特色小镇，对于促进特色小镇的发展有着十分重要的意义。

第一，有利于全面拉动地区经济发展，将可持续发展的观念落到实处，并全面助推红安县红色文化的传承与弘扬，使社会大众能逐渐接触到红安县红色文化，受到红色文化的熏陶，进而形成正确的思想认知及观念，同时以老一辈革命家不怕吃苦、不怕牺牲的宝贵精神作为自身奋斗的信念，使社会大众夯实实现中华民族伟大复兴的信心，进而助推新时期中国特色社会主义建设事业的高水平发展。

第二，有利于为地区经济发展注入活力，提高红安县经济发展水平和人民经济收入，助力于全面实现乡村振兴。在红安县“红绿结合”特色小镇的创新发展与建设过程中，应注重对习近平提出的“创新、协调、绿色、开放、共享”全新发展理念的学习与研究，掌握全新的发展路径；同时要及时更新发展理念，以助推该项事业实现稳定、高效发展，全方位拉动地区经济发展，实现经济建设水平持续提升，改善人民生活，增进人民福祉。

第三，有利于增强民族文化自信，全力助推“中国梦”的实现。通过红安县“红绿结合”特色小镇的建设，在全社会范围内营造出传播与弘扬红色文化的良好氛围，使红色文化在持续不断的传播与弘扬中得以发展创新。

（三）“红绿结合”特色小镇建设的战略定位

七里坪镇政府根据湖北省、黄冈市、红安县制定的发展战略目标，坚持科学规划、长远规划，对“红绿结合”特色小镇建设进行了整体规划，在推进工业化、信息化、城镇化、农业现代化同步发展的同时，与红色旅游发展规划有机衔接，有机整合“四化同步”乡镇和红色旅游名镇的建设项目，坚持生态立镇、旅游兴镇、产业强镇，打造“红色名城、美丽山城、富裕新城”的“三镇三城”，形成“红色旅游强镇，生态环境立镇，特色产业兴镇”的发展战略。根据走访和调查的结果，我们将七里坪镇“红绿结合”特色小镇建设的发展定位、建设的主要思路以及具体的实施策略归纳为如下两个方面：

第一，打造“红色第一市，红军第一镇”的全域性国家AAAA级景区。七里坪是红安县革命历史重镇。在黄麻起义之后，鄂豫皖苏区许多重大历史事件都与七里坪镇联系在一起。如1931年11月，中国工农红军第四方面军在七里坪成立；1932年11月，中国工农红军第二十五军在七里坪镇檀树岗重建；1938年3月，中国工农红军第二十八军在七里坪改编为新四军第四支队东进抗日；等等。作为黄安县（今红安县）第一个区级苏维埃政府所在地，七里坪镇的革命旧址遗址不仅数量众多，而且在时间上跨度大——跨越了整个新民主主义革命时期。七里坪镇现存国家级重点保护文物37处，省级重点保护文物18处，县级保护文物168处。现存革命旧址有长胜街革命遗址群、黄麻起义遗址、鄂豫皖特区苏维埃政府旧址、鄂豫皖特区革命军事委员会旧址、中国工农红军第四方面军诞生地等20余处。其中，长胜街保持了土地革命时期的原貌，鄂豫皖特区苏维埃银行旧址、黄安县苏维埃经济公社旧址、黄麻起义指挥部旧址等，都集中在这条街上。七里坪镇政府在保护、修缮境内的红色文化资源的基础上，突出对以长胜街为中心的红色遗址遗迹的保护和利用，整合红二十五军军部、秦基伟故居、鄂豫皖苏区中心烈士陵园等革命遗址遗迹，发展红色旅游，积极争创全域性国家AAAA级景区。

第二，建设美丽乡村和新型城镇。七里坪镇领域面积约50万亩，其中山林面积多达30万亩，森林覆盖率达60%以上，是典型的山区农业小镇。境内有杨山河吧生态长廊、周八家古民居传统村落、席氏古民居等传统村落民居，红安大布等地理性标签非物质文化遗产。七里坪镇在“四化同步”乡镇和红色旅游名镇的项目建设中，坚持“铁规划，硬管理”的理念，始终坚持保护第一的原则，在保护中发展，在发展中保护，牢牢守住生态“生命线”，留住绿水青山，保护“金山银山”。在拉开镇区建设框架、完善基础设施、提升城镇品位的同时，坚持从村庄环境整治、垃圾转运等具体工作着手，加快推进美丽乡村建设。

二、七里坪镇“红绿结合”特色小镇建设的总体状况

本调查主要采用实地体验、问卷调查、访谈等调查方法，从特色产业的发展、和谐宜居的美丽环境建设、传统文化的传承、设施服务的完善、体制机制的创新五个方面对七里坪镇“红绿结合”特色小镇建设状况进行了调研。

（一）被调查对象的基本情况

1. 访谈对象的基本情况（见表 1-1）

表 1-1　访谈对象基本情况

访谈对象	特点	访谈主要内容
红安县政府党史办	熟悉红安县红色革命历史	①红安县拥有的红色资源 ②红色资源潜藏的经济价值
红安县委宣传部	熟悉红安县的对外介绍和宣传工作	①七里坪镇的对外宣传工作情况 ②"红绿"资源开发利用前景
红安县旅游局	熟悉红安县旅游资源的开发利用	①"红绿"两种旅游资源的利用情况 ②"红绿"结合发展的体现 ③七里坪镇的发展定位及规划
七里坪镇文管所	熟悉七里坪镇乡村文物保护状况	①七里坪镇红色资源的保护情况 ②七里坪镇文物保护存在的问题 ③对七里坪镇特色小镇建设的看法
革命后代吴令山	熟悉七里坪镇革命先辈事迹和七里坪镇的发展历程	①七里坪镇红色资源保护及存在问题 ②七里坪镇绿色资源开发利用程度 ③对七里坪镇特色小镇建设的整体评价
七里坪镇便民服务中心	了解红安县七里坪镇政府的工作方案、建设计划，了解近年来七里坪镇的发展	①目前当地特色产业的发展情况 ②近年来城镇风貌的整体变化 ③对七里坪镇特色小镇建设工作的整体评价
红安大布非物质文化遗产传承人黄珍兰女士	熟悉七里坪镇特色产品红安大布的经济价值和传承情况	①红安大布目前的发展状况 ②红安大布进一步发展、推广的困难 ③红安大布发展前景
周家墩生态产业园	熟悉七里坪镇生态产业发展状况	①农业观光生态园的发展设想 ②生态观光生态园发展对当地的影响

2. 问卷调查对象的基本情况

本次调查共发放 212 份问卷，回收 210 份，有效回收率 99%，其中有效问卷 208 份。受访对象中，男性占 119 份，占 57.21%；女性占 89 份，占 42.79%。受访对象年龄主要分布在 20～50 岁之间，也覆盖了 20 岁以下和50岁以上的各年龄段。受访者的受教育程度主要为初中文化水平（占44.2%），高中文化水平占34.6%。受访者的职业涉及范围较广，涵盖社会的各行各业。家庭年收入2～4万所占比例较多，为35.6%，家庭年收入在4～6万的占30.8%，而家庭年收入在2万以下和6万以上的所占比例相对较小。总之，从此次调查对象的基本信息来看，调查对象分布广泛，涵盖了各个年龄段以及不同职业的群体，男女比例较为均衡，样本数据基本与当地的情况相符合，样本具有一定的代表性，为数据的进一步分析提供了基础。具体见表1-2。

表1-2　问卷调查对象基本情况

基本信息	指标	人数	百分比（%）	有效百分比（%）
性别	男	119	57.21	57.21
	女	89	42.79	42.79
年龄	20岁以下	24	11.50	11.50
	20～30岁	50	24.00	24.00
	30～40岁	51	24.50	24.50
	40～50岁	45	21.60	21.60
	50～60岁	31	15.00	15.00
	60岁以上	7	3.40	3.40
受教育程度	小学及以下	15	7.20	7.20
	初中	92	44.20	44.20
	高中（包括职高、中专、技校）	72	34.60	34.60
	大专	18	8.70	8.70
	本科	11	5.30	5.30
职业	农民	29	13.90	13.90
	个体户（商户/微商等）	95	45.70	45.70
	服务业人员（餐饮服务员/司机/售货员等）	26	12.50	12.50
	职业人员	10	4.80	4.80
	事业单位/公务员/政府工作人员	9	4.30	4.30
	学生	21	10.10	10.10
	工人	5	2.40	2.40
	无业	13	6.30	6.30

续表

基本信息	指标	人数	百分比（%）	有效百分比（%）
家庭年收入	2万以下	46	22.10	22.10
	2～4万	74	35.60	35.60
	4～6万	64	30.80	30.80
	6万以上	24	11.50	11.50

（二）七里坪镇"红绿结合"特色小镇建设状况的调查分析

本部分问卷主要从认知、情感态度和效果评价三个维度，来调查七里坪镇居民对特色小镇建设的了解和熟悉程度。

1. 认知情况分析

七里坪镇居民对"红绿结合"特色小镇建设项目的了解程度，可以在一定程度上反映当地政府推动"红绿结合"特色小镇建设的力度。本问卷主要设计了3个问题，从项目计划、"红绿"结合、小镇特色三个方面，来了解七里坪镇居民的认知情况。

问题1：您了解当地政府在七里坪镇的"红绿结合"特色小镇的建设项目吗？

本题调查结果显示（见图1-1），有8.7%的受访者表示"非常了解"，15.4%的受访者表示"比较了解"，44.7%的受访者表示"一般了解"，22.1%的受访者表示"比较不了解"，9.1%的受访者表示"非常不了解"。总体来看，绝大多数居民都了解七里坪镇"红绿结合"特色小镇建设，但也有近三分之一的居民表示不清楚。

通过进一步的比较分析，我们发现，居民对特色小镇建设项目的了解程度呈现出性别、年龄、家庭收入、职业方面的差异性。具体来说，男性明显高于女性，30～60岁的群体高于其他年龄群体，事业单位人员、公务员、政府工作人员以及工人群体高于服务业人员以及无业群体，家庭收入在2～6万间的家庭高于其他区段收入的家庭。

出现这种差异性的可能原因是当地男性更多地在事业单位和政府工作，家庭收入一般处于中等水平，所从事的职业也使得他们比女性有更多的机会接触和了解政府政策、决策，因而导致男性对"红绿结合"特色小镇建设项目及规划的了解程度明显高于女性，并表现出职业、家庭收入的差异相关性。

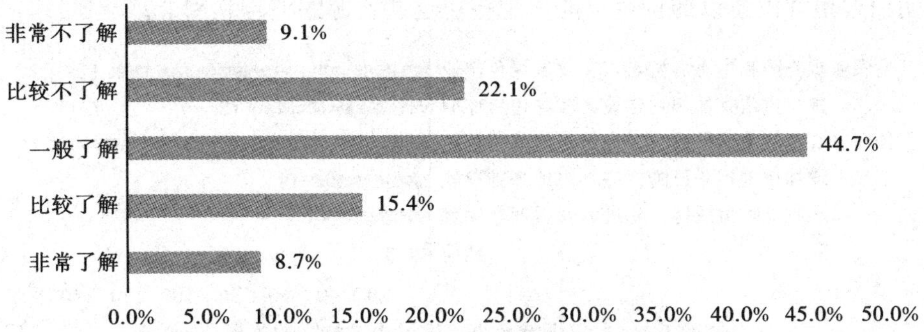

图 1-1 当地人对七里坪特色小镇建设计划了解程度

问题 2：您认为当地“红绿结合”发展体现在哪些方面？（可多选）

本题调查结果显示（见表 1-3），有 126 人认为“红绿结合”发展体现在保护和开发革命遗迹遗址方面，有 126 人认为体现在打造生态景点，发展绿色旅游方面，有 121 人认为发展体现在传承红色精神，弘扬红色文化方面，有 87 人认为建立红色教育基地也是当地“红绿结合”发展的体现。这表明，绝大多数居民对七里坪镇“红绿结合”特色小镇的可利用资源是比较清楚的。

表 1-3 七里坪镇“红绿结合”发展的体现

问题	选项	人数
您认为当地“红绿结合”发展体现在哪些方面？（可多选）	传承红色精神，弘扬红色文化	121
	建立红色教育基地	87
	打造生态景点，发展绿色旅游	126
	保护和开发革命遗迹遗址	126
	绿色产品打上红色文化标志	75
	其他	6

问题 3：您认为目前七里坪特色小镇建设的“特”体现在哪些方面？（可多选）

本题调查结果显示（见图 1-2），有 152 人认为七里坪特色小镇建设的“特”体现在保护开发红色革命遗址遗迹，完善当地的基础设施，有 128 人认为体现在开发农业观光园和生态旅游景点，发展绿色产业，有 72 人认为体现在进行道路整体规划，改善住房环境，还有少部分人认为增加休闲娱乐设施，完善当地基础设施等也是特色小镇发展“特”的体现。这表明，绝大多数受访者都比较清楚地了解七里坪镇丰富的“红绿”资源，也非常明白七里坪镇建设的特色只能体现在对这些资源的整合利用上。

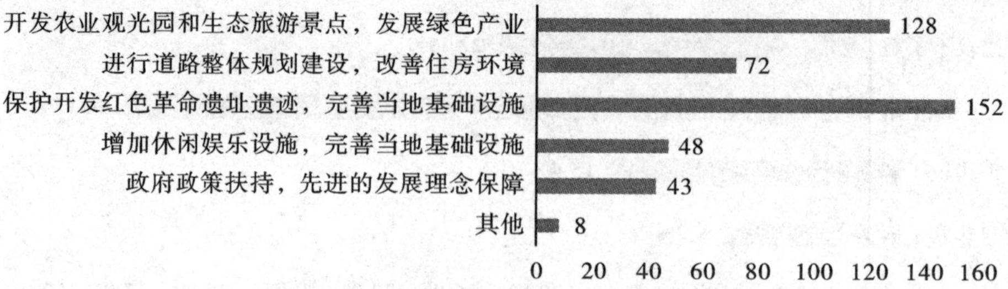

图 1-2 七里坪特色小镇建设中"特"的体现

2. 情感态度分析

七里坪镇居民对"红绿结合"特色小镇建设项目的情感态度，是当地政府有效推动"红绿结合"特色小镇建设的前提和基础。本问卷主要设计了 3 个问题，从对项目的认同度、对政府推进特色小镇建设的态度和参与建设的意愿三个方面，来了解七里坪镇居民的情感态度。

问题 4：您认同七里坪镇政府关于七里坪特色小镇建设项目的计划吗?

本题调查结果显示（见表 1-4），有 37.5%的受访者表示非常认同，认为该建设计划有利于促进当地经济发展，有 32.2%的受访者表示比较认同，有 28.4%的受访者表示基本认同，只有极小数人表示不认同。这表明，绝大多数受访者对七里坪特色小镇的建设计划认同度比较高。

表 1-4 七里坪镇居民对特色小镇建设项目的认同度

问题	选项	比率（%）
您认同七里坪镇政府关于七里坪特色小镇建设项目的计划吗?	非常认同，该建设有利于促进当地经济发展，提高人们的生活水平	37.5
	比较认同，该建设计划整体利大于弊	32.2
	基本认同，该建设计划有实施的必要	28.4
	不认同，该建设计划不利于"红绿"资源的保护，存在对当地传统一定的破坏	1.9

问题 5：您支持七里坪镇政府推进"红绿结合"特色小镇建设吗?

本题调查结果显示（见表 1-5），对于七里坪镇政府推进的"红绿结合"特色小镇建设，有 59.6%的受访者表示非常支持，有 26.0%的受访者表示比较支持，有 13.5%的受访者表示一般支持，只有 0.9%的受访者明确表示不支持。这表明，绝大多数受访者对“红绿结合”特色小镇建设的态度是积极的、支持的。

表 1-5　七里坪镇居民对特色小镇建设的态度

问题	您支持七里坪镇政府推进“红绿结合”特色小镇建设吗？			
选项	非常支持	比较支持	一般支持	不支持
比率（%）	59.6	26.0	13.5	0.9

问题 6：您愿意参与“红绿结合”特色小镇建设吗？

本题调查结果显示，绝大多数受访者都表示非常愿意参与特色小镇的建设，只有 3.4%的受访者明确表示不愿意参与。

3. 建设效果评价

为了了解当地居民对于特色小镇建设效果的整体评价，本问卷主要从七里坪镇的居民对特色小镇建设的满意度、传统文化传承、设施服务建设、体制机制创新、“红绿”资源利用和整合等五个方面进行调查。

关于七里坪镇居民对“红绿结合”特色小镇建设的满意度，本问卷设计了两个问题。

问题 7：您对当前的“红绿结合”特色小镇建设是否满意？

本题调查结果显示（见图 1-3），有 11%的受访者表示非常满意，有 34%的受访者表示比较满意，有 34%的受访者表示一般（满意），但也有 19%的受访者表示比较不满意，2%的受访者表示非常不满意。

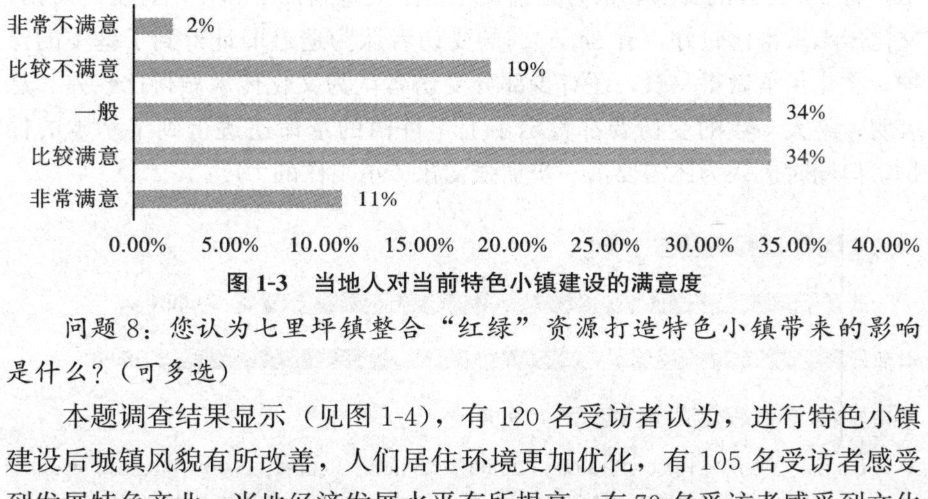

图 1-3　当地人对当前特色小镇建设的满意度

问题 8：您认为七里坪镇整合“红绿”资源打造特色小镇带来的影响是什么？（可多选）

本题调查结果显示（见图 1-4），有 120 名受访者认为，进行特色小镇建设后城镇风貌有所改善，人们居住环境更加优化，有 105 名受访者感受到发展特色产业，当地经济发展水平有所提高，有 79 名受访者感受到文化产品增加，文化生活不断丰富，有 84 名受访者感受到基础设施不断完善，出行更加便捷，另外还有部分受访者认为，政府给予的关心支持使城乡更加和谐。还有部分受访者认为没什么影响，感受不明显。

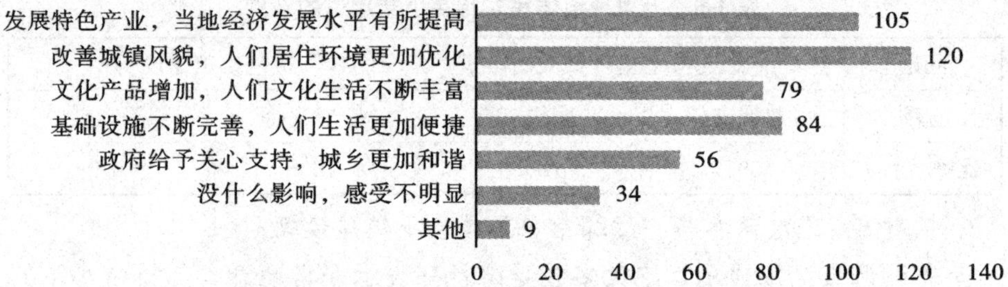

图 1-4　当地人认为特色小镇建设带来的影响

从调查结果可以看出，绝大多数受访者都比较满意“红绿结合”特色小镇建设，并认为特色小镇建设确实给他们的生活带来了较大的正面影响。这表明，七里坪镇的“红绿结合”特色小镇建设的效果是可感、可体验的。

关于七里坪镇居民对“红绿结合”特色小镇建设在文化传承方面情况的评价，本问卷通过下列问题进行了解。

问题 9：您如何评价七里坪镇“红绿结合”特色小镇建设在文化传承上的做法？

本题调查结果显示（见图 1-5），有 15.90%的受访者认为文化传承做得非常好，革命遗迹的保护以及革命教育基地的建立使红色文化得到传承，有 38.90%的受访者认为红色文化基本上得到传承和一定程度的发扬，文化传承做得比较好，有 34.60%的受访者认为遗迹旧址得到了基本的保护，文化传承做得一般，还有少部分受访者认为文化传承做得比较差。这表明，绝大多数的受访者都肯定了七里坪镇的革命遗迹得到了基本的保护，但同时也认为还需要进一步加强文化传承工作的力度。

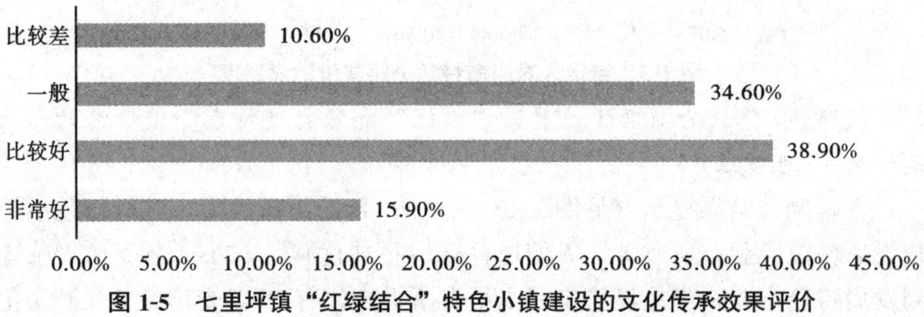

图 1-5　七里坪镇“红绿结合”特色小镇建设的文化传承效果评价

关于七里坪镇居民对“红绿结合”特色小镇建设在设施服务方面的评价，本问卷通过下列问题进行了解。

问题10：您如何评价七里坪镇“红绿结合”特色小镇建设的设施服务（包括道路的规划建设、城镇风貌、公共服务设施等）情况？

本题调查结果显示（见图1-6），有10.60%的受访者认为设施服务建设效果非常好，有42.20%的受访者认为设施服务建设效果比较好，道路基本通畅，基本的公共服务设施齐全，有33.70%的受访者认为设施服务建设效果一般，设施服务建设较少，没有明显的感受，有13.50%的受访者认为目前的设施服务建设还比较差。这表明，有将近一半的受访者对“红绿结合”特色小镇的道路建设、城镇风貌、公共服务等设施服务建设还有更高的期待。

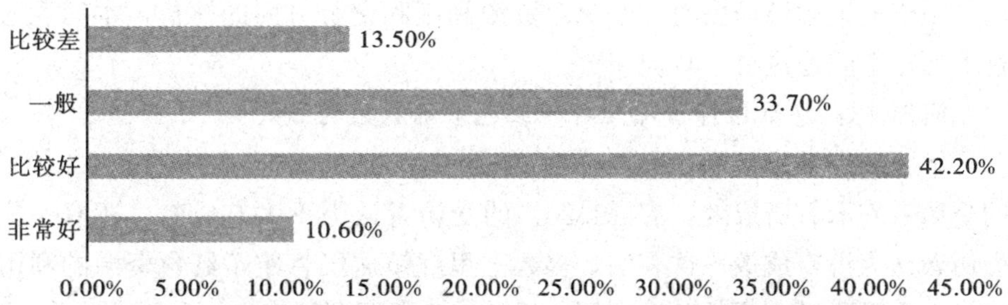

图1-6 七里坪镇“红绿结合”特色小镇的设施服务建设效果评价

关于七里坪镇居民对“红绿结合”特色小镇建设在体制机制方面的评价，本问卷通过下列两个问题进行了解。

问题11：您如何评价七里坪镇“红绿结合”特色小镇建设的规划管理体制机制情况？

本题调查结果显示（见图1-7），有13.00%的受访者认为非常好，政府的执行力强，有24.00%的受访者认为比较好，规划管理较为合理，大

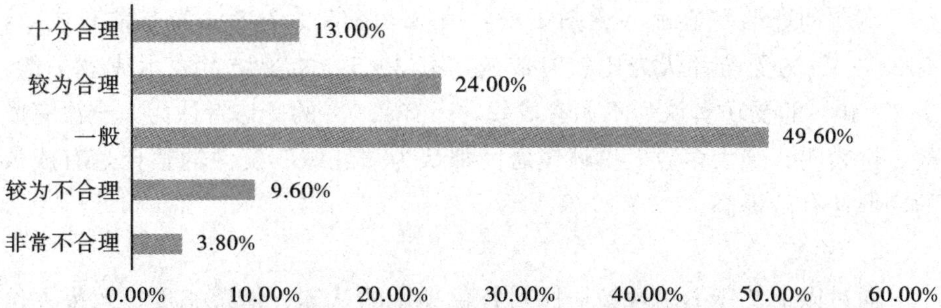

图1-7 七里坪镇“红绿结合”特色小镇建设的体制机制评价

部分计划都得到了落实，有 49.60%的受访者认为一般，政府进行了一些规划管理，部分计划得到实施，有 9.60%的受访者认为不合理，存在分工不明，执行力度弱的问题，有 3.80%的受访者认为十分不合理，发展理念错误。

问题 12：您觉得七里坪镇“红绿结合”特色小镇在建设规划上做得怎么样？

本题调查结果显示，有将近一半的受访者认为比较好，有 30.80%的受访者认为一般，没有明显的差异感受，有 11.60%的受访者直接给了否定评价，认为效果比较差。可见，当地居民对于特色小镇建设规划效果的总体评价不高，直接影响了他们对政府在七里坪镇的“红绿结合”特色小镇建设规划的评价。

关于七里坪镇居民对“红绿”资源利用和整合方面的评价，本问卷通过下列三个问题进行了解。

问题 13：您如何评价七里坪镇红色资源利用的成效？

本题调查结果显示，有 6.30%的受访者认为非常有成效，有 40.40%的受访者表示有所成效，有 19.20%的受访者认为不太有成效，还有一些受访者认为没有成效。这表明，多数七里坪镇居民肯定了红色资源的利用成效，但需要进一步的开发利用，提高红色资源利用率。

问题 14：您如何评价七里坪镇绿色资源利用成效？

本题调查结果显示，有 38.50%的受访者表示当地在绿色资源的利用上有成效，有 29.30%的受访者表示比较有成效，有 22.10%的受访者表示不太有成效，还有一些受访者认为没有成效。这表明，大多数受访者同意七里坪镇对绿色资源的利用有成效，但仍然有进一步提高的空间。

问题 15：您如何评价七里坪镇红色资源与绿色资源结合的成效？

本题调查结果显示（见图 1-8），有 8.0%的受访者认为非常有成效，有 23.10%的受访者认为比较有成效，有 39.5%的受访者表示成效一般，有 27.40%的受访者认为不太有成效，还有 2.0%的受访者认为完全没有成效。这表明，绝大多数七里坪镇居民都认为“红绿”资源的整合是有成效的，但还有待提高。

4. 小结

通过以上关于七里坪镇居民对特色小镇的认知、情感态度、效果评价方面的数据分析，我们的结论如下：

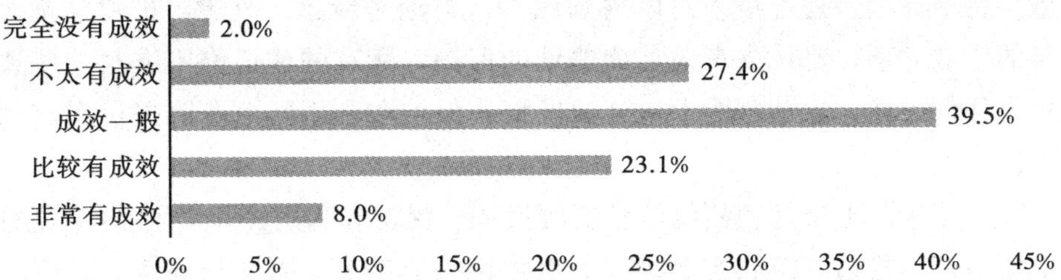

图 1-8 当地人对“红绿”资源结合成效的评价

（1）大多数七里坪镇居民知晓特色小镇建设，并且知道特色小镇的“特”体现在资源的“红绿结合”发展上。

（2）大多数七里坪镇居民对特色小镇建设是认同的，态度上是支持的，有较为强烈的参与愿望。

（3）大多数七里坪镇居民对特色小镇建设的效果是满意的，都感受到了特色小镇建设对他们生活的正面影响。他们也赞同特色小镇建设在传统文化传承、设施服务建设、体制机制创新、“红绿”资源利用和整合等方面有所作为，但现在与期望值仍有差距。

三、七里坪镇“红绿结合”特色小镇建设的主要成果和存在的问题

（一）主要成果

2016 年 10 月，七里坪镇入围国家美丽特色小镇建设名单目录。围绕七里坪特色小镇的建设，红安县政府将七里坪镇作为全县发展的重点镇，并将七里坪镇作为全域旅游的重点镇进行打造。七里坪镇坚持“生态立镇、旅游兴镇、产业强镇”的方针，坚持以打造“红色名城、富裕新城、美丽山城”的“三镇三城”发展思路进行特色小镇建设，并取得了以下建设成果。

1. 大力发掘红色资源，红色旅游强镇，打造“红色名城”

红安县是湖北著名的老革命根据地，革命胜利后，湖北省和红安县的党政部门都特别重视红安县红色文化资源的保护、开发和利用。在湖北省文化遗产保护“四片两区一路一水”总体布局中，以红安县为中心的湖北省大别山红色文化遗产保护利用示范区是其重要组成部分。为了加大大别山红色文化遗产保护工作力度，湖北省文物局在项目立项、规划编制、方案审批、展览展示、经费争取和整合集中投入等方面，加大了对红安等大别山地区的文物保护项目的政策倾斜和扶持力度。红安县政府制定多项措

施，将革命遗迹遗址纳入总体规划保护，不论是新建、改建、扩建还是大型的工业立项，都优先考虑革命遗址的保护，所有的建设都不准对这些遗址有任何破坏，这些都为七里坪镇发掘、保护和利用红色资源提供了有利条件。

近年来，七里坪镇围绕红色资源发掘、保护和利用，开工了20个左右的项目，以打造红色旅游名镇。七里坪镇政府牵头，县文物局主管，下辖的文物管理所对当地革命遗迹遗址实施保护与维修。对需要建设的工程项目，采取各种措施，不准破坏地貌和遗址建筑；对个人和部门的住宅、门店、临时建筑物，坚决实行红线和面积控制。凡违反有关规定的，实行强制拆除。比如，为了保持长胜街的明清古镇的原貌，以及遗留下来的大别山革命时期的红色遗址遗迹，在长胜街居住的人们可以在房屋漏水、门窗损坏等情况下，与镇上的文物管理所进行联系，申请维修。镇上的文物管理所在接到申请后，会派专业的人员上门修缮。另外，红安县和七里坪镇按照《中华人民共和国文物保护法》的要求，把一些保存较好、在大别山革命历史上有重大意义的建筑、遗址申报为各级文物保护单位。在湖北省文物局的高度重视、积极指导和全力支持下，七里坪镇的一些具有重大纪念意义的建筑、遗址如董必武故居、红二十五军军部旧址等红色遗产的文物保护方案、规划编制、经费申请都得到了较好的落实。董必武故居文物保护工程是国家重点工程，红二十五军军部旧址文物保护是省级重点项目。

为了更好地宣传、利用红色革命文化，打造红色文化精品，红安县积极探索红色文化和红色旅游的有机结合，形成了以点带面、以面促点的红色文化开发思路。红安县在打造红色旅游景点景区时，整合“百里红色长带”，唱响“两百将军品牌”，开发“三座红色名山”，充分开发利用红色资源以推动旅游业发展。七里坪镇积极融入红安县的红色旅游规划，将景区与镇区的基础设施建设统筹起来，统一规划，统一建设。七里坪镇在特色小镇的发展过程中，已维修了中国工农红军第四方面军、第二十五军、第二十八军三支红军部队纪念碑以及长胜街、光浩门等红色旅游景点，扩建了三支中国工农红军纪念碑的碑前广场，修整了红花大道景观带，新建了旅游接待服务中心。与此同时，镇区的基础设施建设也不断得到完善。当地政府改造了镇区内的供水设施，整治了和平街、胜利街，增加了绿化面积，改变了镇区过去脏、乱、差的现象。在各村的道路建设上，基本实现了"村村通"，当地居民的出行更加便捷。同时，七里坪镇也积极开展对外交流，加大区域合作力度，与大别山红色旅游圈进行接轨，打造红色旅游强镇和"红色名城"，力图把七里坪镇建设成"中国红军第一镇"的特色小镇。

2. 大力发展特色产业，特色产业兴镇，打造"富裕新城"

七里坪镇的物产非常丰富。在特色小镇的建设中，七里坪镇深入挖掘地方特色产品，推动特色产业的规模化经营。红安苕（红薯）作为当年红军所吃的粮食也早已经被刻上红色的印记，是当地的特色产品之一，也是中国地理标识产品，其主要特点是外红内白，味柔且淡甜爽口。红安县是全国有名的"花生之乡"，是国家花生基地县、湖北省花生生产基地，而七里坪镇是红安花生的主要产地之一。红安花生的特点是粒小，特别香脆，出油率高。此外，七里坪镇盛产桔梗、金银花、夏枯球、白术等中药材。七里坪镇按照"一村一品""一乡一业"的思路，充分挖掘"地膜花生村""药材村""养猪村""红苕村"等专业特色村规模种养潜力，并鼓励其与国内知名企业进行产销对接。在调查中我们发现，七里坪镇的板栗、土豆种植基地分别实现了与雨润集团、上好佳等食品加工企业的配套对接，奶牛养殖、牛奶销售也实现了与黄冈伊利乳业的对接。红安苕、红安花生这些当地特色产品深受外来游客的喜爱，当地农民的大部分收入来源于这些特色规模种养业的发展。

红安大布作为七里坪镇最具代表性的中国地理标识产品，是七里坪镇红色文化的映照，它在历史上曾是红安走出的三支红军部队的军服军被的用料，跟随红安籍的将士们南征北战。现在，红安大布不仅存在于七里坪镇当地居民的生活中，也深受外来游客的欢迎。我们通过对红安大布非物质文化传承人黄珍兰女士的采访得知，七里坪镇已经初步建成红安大布生产基地，通过建立合作社、纺织房，发动当地的散户进行纺织。红安大布产品主要由七里坪镇红色文化传播中心独家开发投放市场，采用"农户+基地+门店"的经营模式。目前，红安大布已经国家商标局批准，被注册为"红土牌"，有些大布的产品上还会打上"中国第一将军县——红安大布——乡土珍品"的标识。同时，七里坪镇还建立了红安大布生产展示中心，每年都不定期地举办红安大布展示会，向外界展示红安大布，每年还会不定期地举办纺织技艺比赛，推动红安大布纺织技艺的传承与创新，为红安大布进一步发展注入新的活力。另外，七里坪镇在红安大布生产与创新方面，非常注重引进高校科研成果和技术力量，比如，通过加强与武汉纺织大学的合作，创新红安大布的样式、设计，不断丰富红安大布的品种和设计，使红安大布的生产更加符合时代发展的需求，满足消费者的喜好，提升红安大布的产量及销量。

七里坪镇也非常注重引进外资，发展新兴产业，其中，具有代表性的是信义光伏产业园。信义光伏产业园占地1000余亩，以光伏发电为主，还设有生态蔬菜种植园、生态花卉种植园等，是一种现代工、农一体化的生态运行模式。目前，一期工程已经竣工，并已经投入使用。信义集团将会在红安县投资1.8亿，预计每年创收2000万元左右，经济效益很可观，且能够带动当地村民的就业，增加农民的收入。

信义光伏农业产业园内的光伏建设

信义光伏产业园内种植业的发展

图1-9　新型产业的发展

3. 大力开发绿色资源，生态环境立镇，打造“美丽山城”

七里坪镇的面积有362平方千米，山林资源非常丰富，生态环境得天独厚。在如何开发绿色资源实现发展的问题上，七里坪镇党委和政府进行整体规划，专门聘请有专业资质的专家为七里坪镇进行镇域全貌的航拍和规划，在明确全镇生态资源的基础上，确定发展建设用地、用水、用林的合理区间。

加大对绿色产业的支持力度，创造生态效益。周家墩生态园将生态观光、采摘、垂钓等多个项目融为一体，以自产的绿色食物为基础打造绿色生态旅游。目前已投资2500万元，处于初期运行阶段，后期将不断增加生态观光娱乐项目，促进当地经济的发展。周家墩生态园、古峰岭玫瑰园、徐家河现代农业功能区等农业项目，都是在依托当地拥有的绿色资源的基础上进行的合理开发利用，创造了巨大的经济收益，使当地百姓也从中受益。

在对生态资源进行开发利用的过程中，七里坪镇政府注重强化保护机制，加大了对生态资源的保护力度。比如将招商引资的工业项目一律安置在工业园，对高污染的畜禽养殖类项目严格限制，加强监督巡查已经落户于七里坪镇的项目。

（二）存在的问题

红安县七里坪镇坚持"生态立镇、旅游兴镇、产业强镇"的方针，在打造"红色名城、美丽山城、富裕新城"方面取得了不少的成绩，但不可否认，七里坪"红绿结合"特色小镇建设还存在不少问题。综合我们的访谈结论、实地考察和问卷调查，七里坪"红绿结合"特色小镇建设所存在的问题可以归纳为如下几个方面。

1. 政府宣传不够，七里坪镇居民对特色小镇知晓度有待提高

在"目前七里坪镇'红绿结合'美丽特色小镇的建设还存在哪些问题?"的问卷调查中，不少的受访者认为政府的宣传力度不够。比如，受访者在回答"您觉得当地政府对七里坪镇'红绿结合'美丽特色小镇建设中的宣传工作做得怎么样?"时，有 31 位受访者认为，政府部门的宣传工作做得非常好，在当地众所周知，有 66 位受访者认为，政府部门的宣传工作做得比较好，对外有所宣传，有 82 位受访者认为，政府对七里坪美丽特色小镇建设的宣传工作做得一般，影响范围有限。由此可见，七里坪镇政府在"红绿结合"特色小镇建设方面所做的宣传工作与百姓的期待仍有差距，还需要进一步提高宣传力度和宣传范围，扩大影响，提升当地居民对"红绿结合"特色小镇的知晓度。

2. 七里坪镇居民参与特色小镇建设的力度有待提升

尽管根据我们的调查分析，绝大多数七里坪镇居民对"红绿结合"特色小镇建设的参与意愿较强，但实际参与的行为并不多，甚至在部分受访者的眼里，"红绿结合"特色小镇建设只是政府部门的事。比如，我们在调查"您所知道七里坪镇的'红绿结合'美丽特色小镇建设参与者有哪些?"时，有 168 位受访者认为，主要参与者是政府部门，有 65 位受访者认为，主要参与者是当地社会团体，只有少部分受访者认为，企业商户和普通百姓也应该参与"红绿结合"特色小镇的建设中，还有 14 位受访者选择了"其他"。由此可见，七里坪镇"红绿结合"特色小镇的建设的实际推进，主要是政府部门在实施，而普通百姓、企业商户及社会团体的参与度都较低。

3. 存在忽视当地居民利益的现象

调查问卷结果显示，有近一半的受访者认为，七里坪镇特色小镇建设

没有为他们带来更多的利益。比如，受访者在回答"您觉得当地人是否能在七里坪镇'红绿结合'美丽小镇建设过程中受益?"时，有 30 人感觉受益明显，有 69 人认为受益较为明显，绝大多数人认为受益一般，感受不明显。出现这种结果，可能有两个方面的原因：一是七里坪镇对"红绿结合"特色小镇建设的宣传不到位，许多当地居民对该项目不太了解；二是七里坪镇在"红绿结合"特色小镇建设中，确实存在一些忽视当地居民利益的问题。比如，七里坪镇建立七里坪游客中心时，对位于该地址的一所小学进行了拆迁，后来在还建的过程中，没有很好地考虑该地的实际情况，导致该地的小学、中学都不在本区内，该区域内的学生上学不便，家长接送困难，该地居民意见较大。

4. 基础设施建设有待进一步完善

通过实地走访体验，我们发现，七里坪镇的基础设施不完善，道路复杂且卫生环境差，尤其是下水道系统。下雨时，道路上积水很深，污水横流。镇上道路十分狭窄，只是单行道，而且还有部分路段出现了坑洞，整体的道路规划很不合理。七里坪镇作为一个旅游重镇，相关餐饮业及基础设施建设都较差，当地的特色餐馆很少。卫生间、停车场等的硬件环境也很差，并且数量过少，不能满足游客的需求。七里坪镇的基础设施的建设规划存在不合理的现象。在实地走访中，我们发现七里坪镇著名景点长胜街也存在同样的问题。长胜街是一条长长的历史古街，街内的古建筑虽然得到了较好的修缮，但街的头尾处却建筑破烂，街道杂乱。另外，长胜街内也没有很好地解决居民生活居住和旅游观光之间的关系，街面的摊点乱摆乱放，居民在街道上纳凉、摆桌吃饭等，都极大地影响了长胜街的整体风貌，给游客以脏、乱、差的印象。

图 1-10　七里坪镇的街道风貌

5. 红色资源开发与保护力度不够

在七里坪镇“红绿结合”特色小镇建设的调查中，尽管七里坪镇政府和居民都认为红色资源是非常重要的资源，但他们在红色资源的开发和保护方面，事实上存在力度不够的情况。比如，在回答“您觉得目前七里坪特色小镇建设对于红色文化遗产保护力度如何?”时，有近四成的受访者认为力度不够，部分革命遗址遭到破坏，红色资源的开发和保护力度都有待加强。有五成以上的受访者认为，对红色资源的利用不太有成效或没有成效。结合实地走访的情况，我们认为，七里坪镇红色资源开发存在三点问题：首先，一些革命遗址遭到了破坏，比如中国工农红军第四方面军指挥部等；其次，红色资源开发力度不够，当下对于红色资源的开发主要集中在长胜街，对于散落在各村之间的红色遗址并没有进行很好的开发和保护，保护范围小，镇村之间差别大；最后，红色资源研究挖掘得不够。七里坪镇革命文物和历史的讲解员较少，镇内的革命遗迹遗址、纪念展馆、将军故居等重要场点之间没有清晰的路线规划和指示，也没有公交车到达，这些都限制了七里坪镇红色资源旅游价值的利用。

6. 绿色资源开发与保护力度有待加强

通过调查问卷数据分析和走访调研，七里坪镇的绿色资源开发与保护也存在一些问题。首先，七里坪镇的绿色资源开发的力度还不够，一些非常好的绿色资源没有得到有效开发。这可以从受访者对七里坪镇绿色资源利用程度的评价中得到印证。在回答“您认为七里坪镇对绿色资源利用程度如何?”时，大多数受访者认为比较有成效，也有相当数量的受访者认为不太有成效。通过对这一现象的进一步探究，我们了解到大多受访者之所以认为绿色资源被保护得比较好，是因为七里坪镇对绿色资源的开发力度还不大，破坏还不明显。另外，在著名的绿色旅游风景区天台山景区，我们发现景区缺乏正规的进出景区及检票制度，存在山下诸多面包车可无票进入等问题，景区观光秩序较为混乱。其次，七里坪镇在文物管理方面也面临着一大困境，即七里坪镇内的红色资源丰富，但文物古迹分布较为分散，由于道路规划和相关设施不完善，加之资金短缺等，限制了文物的管理、保护和利用，致使七里坪镇的革命文物很难发挥出其应有的价值。令人欣慰的是，因为“红绿结合”特色小镇建设的推进，红色旅游规划的实施，七里坪镇的各个村落加强了对革命遗址遗迹的保护和修缮，每个村落都相应设有若干文管员，文管员由村民担任，村民们的文物保护意识在不断提高。

7. “红绿”资源整合度比较低

通过访谈，我们了解到，七里坪镇政府对于整合“红绿”两种资源进行综合开发有一定的建设规划，但就目前建设的情况来看，七里坪镇在红色资源和绿色资源结合利用方面，整合程度还比较低，相关的旅游结合规划还没有付诸实践，两种资源仍旧是各自发展，没有很好地融合，这不利于更大地发挥两种资源的价值。另外，七里坪镇关于整合“红绿”资源的全域旅游线路的开发仍处于概念规划阶段，具体操作实施中还面临很大的困难。

四、关于七里坪镇“红绿结合”特色小镇建设的几点建议

为了全面提高红安县社会建设与发展水平，必须注重红安县各地区的经济发展，以全方位拉动各地区人民收入水平的持续增长。开展红安县“红绿”结合特色小镇建设，不仅可以传承与弘扬红色文化，而且可以将绿色环保的理念贯彻落实，全方位助推该地区经济发展水平的提升，实现城乡协调发展，为乡村全面振兴注入活力。针对红安县七里坪镇“红绿结合”特色小镇建设存在的问题，我们提出如下对策和建议。

（一）加大对当地居民的宣传力度，提高居民对特色小镇建设的了解程度

当地居民对七里坪镇美丽特色小镇建设的了解和参与度不够，主要问题在于当地居民对美丽特色小镇的认知度不够。大家仍旧将七里坪镇作为一个普通的重点镇来建设，而不是一个美丽特色小镇。政府应该加大对美丽特色小镇计划的宣传，明确告知小镇居民七里坪镇的发展定位是一个以旅游业为主的特色小镇。

1. 加强特色小镇建设的内涵宣传

当地政府在宣传中要做好告知当地百姓的工作，明确七里坪镇在进行“红绿结合”特色小镇的建设，在尝试依托当地“红绿”两种资源的整合利用进行特色小镇的打造。当地政府相关部门可通过尝试制作特色小镇建设宣传片并在电子屏进行播放、印发相关手册等形式提高当地居民对于特色小镇内涵的了解。

2. 加强特色小镇建设的重要性宣传

发展特色产业带动当地经济的发展，能够提高居民的收入水平；对于

城镇风貌的规划建设、基础设施的完善，也能使当地居民的居住环境更加优美，生活更加便捷。总之，特色小镇的建设与当地居民利益密切相关，应当加强特色小镇建设重要性的宣传，进行相关政策的引导，提高当地人的了解程度，进而使他们主动参与到建设中去。

3. 加强特色小镇建设的思路和实施策略宣传

目前针对七里坪特色小镇的建设已经形成了相关的思路并采取了具体的策略，这些内容不仅要让百姓知晓，更要推动他们参与到特色小镇的建设中。对此，当地政府应通过宣传栏、宣传单、标语等多种形式加强对特色小镇建设的思路和实施策略的宣传，提高当地居民对特色小镇建设的了解程度。

（二）保护当地居民的合法权益，吸引当地居民参与特色小镇建设

1. 尊重和保护当地居民的合法权益

在特色小镇建设的具体过程中，要尊重当地居民的合法权益，采取多种措施保护居民的社会的、经济的、生态的、政治的、文化教育的各种合法权益，不能让群众感觉特色小镇建设是一种“形象工程”，而是可以为他们带来实实在在效益的“民心工程”，从而提高他们参与特色小镇建设的主动性、积极性。

2. 大力发展与特色旅游相关的产业，增加当地居民的收入

利用当地丰富的红色文化资源和绿色自然资源发展特色旅游业，以及与特色旅游业相关的产业，比如餐饮、酒店以及土特产生产、加工和销售等。制定政策，鼓励七里坪镇居民在这些产业内就业、投资、生产，让他们从中直接受益，从而提高他们参与特色小镇建设的积极性和主动性。

（三）规划重整，加强基础设施建设

基础设施建设是特色小镇建设的重要指标。对于七里坪镇的规划建设，据红安县政府人员所说，已经请了北京的专业规划人员前来实地考察，所以未来七里坪特色小镇的建设规划不是问题。但七里坪镇的建设除了需要科学有效的建设方案外，还需要镇政府有正确的建设理念。镇政府要明确七里坪镇未来是一个旅游重镇，不能只当作一般镇来发展。要增设各种旅游基础设施，如公共厕所、垃圾桶、停车场、休息椅、指示牌等，同时完善相关的基础设施。

1. 完善交通基础设施，改善当地交通条件

美丽特色小镇发展旅游业的当务之急是改善当地的道路情况，七里坪

镇道路需要拓宽，通往周家墩村的路段需要铺设水泥路。除了道路之外，七里坪镇还需要增设红绿灯，以保障交通安全。七里坪镇还需要修建一个大型停车场，为自驾游的外来游客提供便利服务，同时也方便对外来车辆进行管理。

2. 增设旅游基础设施，美化特色小镇

政府可在七里坪镇的游客服务中心设置一个区域全景图，标注主要景点及距离，在主要干道和路口设置景点指示牌，在景点附近设置区域图，标识附近景点，在主要景点设置分类垃圾桶。七里坪镇上垃圾桶一般都是商家自备的，数量并不多，而且缺乏分类功能。长胜街垃圾桶比较少，还有其他小景点，如列宁小学附近也应该设置垃圾桶，并建设大的垃圾处理站让垃圾得到集中处理。

（四）加强对“红绿”资源的保护、开发和整合利用

1. 保护为主，科学开发，保留历史记忆

对历史遗迹要加大投资保护力度，已经被破坏的遗迹要根据原本的样子进行修整和复原。各村落的景点也应该划入保护范围，仅仅靠村民文管员是不够的，要派专业人士进行管理。对于历史遗迹的景点开发，应该注重保护遗迹原样，秉承只增加周边设施、不改变原有建筑的原则，邀请专业人士对景点的游客承载量进行评估，适当限制每日游客人数，对遗迹进行有效保护。

2. 串联小镇周围景点，打造精品旅游线路

联合天台山风景区，打造“红绿”结合旅游线路。设置以红安县火车站为初始站、天台山风景区为终点站的公交旅游专线，在旅游专线上配备专业讲解员，引导游客游览七里坪镇。

镇政府还应该将各村落的景点也串联起来，打造多条旅游线路，带动各村发展。七里坪镇的村落里还有很多红色文化遗址，它们有一定的开发价值。比如周家墩村有一个项目比较完备的生态产业园及光伏产业园，也可以加入线路。通过延伸当地旅游线路，从而形成串联的旅游线。

3. 加强旅游宣传，打造旅游品牌

七里坪镇的旅游宣传片应该具有当地特色，着重突出七里坪镇红色文化，打造“将军故里，红色之乡”的特色品牌。七里坪镇是红安县的核心小镇，所以在旅游宣传上可以和红安县结合起来，共同做好“两百个将军，同一个故乡”这一旅游品牌。

参考资料：

1. 国家发改委.《关于加快美丽特色小（城）镇建设的指导意见》，发改规划〔2016〕2125 号。

2. 徐世雨.特色小镇：内涵阐释与实现路径——对既有文献的综述与展望 [J]. 江苏农业科学，2019，47（9）：32-36.

3. 方应波，易文芳，汤铭春. 特色小镇发展模式与政策思考 [J]. 商业经济研究，2019（10）：141-144.

4. 刘锡宾. 我省特色小镇建设原则和对策研究 [J]. 政策瞭望，2015（9）：49-51.

5. 毛丽红. 井冈山黄坳红色文化绿色生态运动休闲特色小镇建设路径研究 [J]. 文化学刊，2021（3）：38-40.

6. 陈立旭. 论特色小镇建设的文化支撑 [J]. 中共浙江省委党校学报，2016（5）：14-20.

7. 王丹. 中国特色小镇建设的文化融入 [J]. 华南师范大学学报（社会科学版），2019（1）：18.

8. 顾利民. 以“五大发展理念”引领特色小镇的培育建设 [J]. 城市发展研究，2017，24（6）：18-22.

9. 孙特生. 特色小镇建设的逻辑与脉络——基于对首批特色小镇的思考 [J]. 西北师大学报（社会科学版），2018，55（4）：138-144.

10. 石燕香. 特色小镇的研究综述和发展趋势 [J]. 农业与技术，2021，4（9）：34-39.

11. 葛梦兰，曾繁荣，王金叶等. 旅游特色小镇建设动力及提质增效路径——以广西恭城县莲花镇为例 [J]. 桂林理工大学学报，2021，41（2）：325-331.

12. 傅超. 特色小镇发展的国际经验比较与借鉴 [J]. 中国经贸导刊，2016（31）：34-35.

13. 王旭阳，黄征学. 推进中国特色小镇建设研究 [J]. 区域经济评论，2017（5）：124-129.

指导老师：朱桂莲

团队成员：张露露　左　琪　上瑞平　马雄文

附录 1

七里坪镇“红绿结合”特色小镇建设情况调查问卷

您好！我们是中国地质大学（武汉）马克思主义学院的学生。我们正在进行一项关于红安县七里坪镇“红绿结合”特色小镇建设对当地的影响的调查，非常感谢您能够配合我们，在百忙之中参与我们的问卷调查。

“红绿结合”特色小镇建设是指七里坪镇依托自身所具有的红色资源（长胜街遗址、鄂豫皖根据地遗址、红安红色革命精神等）及绿色生态资源（天台山国家森林公园、香山湖等）来打造自身的特色产业，促进当地经济社会发展的建设项目。

整个问卷涉及的题目没有对错之分，请在您认为符合的选项上画“√”（注意：若未标明特殊要求，所有题目只选一个答案!）。

第一部分：基本信息

A1. 您的性别是____。

A. 男　　　　B. 女

A2. 您的年龄是____。

A. 20 岁以下　B. 20～30 岁　C. 30～40 岁　D. 40 岁～50 岁

E. 50～60 岁　F. 60 岁以上

A3. 您接受教育的程度为____。

A. 小学及以下　　B. 初中　　C. 高中（包括职高、中专、技校）

D. 大专　　E. 本科　　F. 研究生及以上

A4. 您目前所从事的职业为____。

A. 农民

B. 个体户（商户/微商等）

C. 服务业人员（餐饮服务员/司机/售货员等）

D. 职业人员（如教师/医生/律师等）

E. 事业单位/公务员/政府工作人员

F. 学生

G. 工人（如工厂工人/建筑工人/城市环卫工人等）

H. 无业（包括失业和退休）

A5. 您的家庭年收入大概是多少？

A. 2万以下　B. 2～4万　C. 4～6万　D. 6万以上

第二部分：对七里坪镇“红绿结合”特色小镇建设的认知

B1. 您了解当地政府对七里坪镇的“红绿结合”特色小镇的建设计划吗？

A. 非常了解　B. 比较了解　C. 一般　D. 比较不了解

E. 非常不了解

B2. 您认为当地“红绿结合”发展体现在哪些方面？(多选)

A. 绿色产品打上红色文化标志

B. 保护和开发革命遗迹旧址

C. 打造生态景点，发展绿色旅游

D. 传承红色精神，弘扬红色文化

E. 建立红色教育基地

F. 其他

B3. 您认为目前七里坪特色小镇建设的“特”体现在哪些方面？(多选)

A. 开发农业观光园和生态旅游景点等，发展绿色产业

B. 进行道路整体规划建设，改善住房环境

C. 保护开发红色革命遗址遗迹，传承当地红色文化

D. 增加休闲娱乐设施，完善当地基础设施

E. 政府政策扶持，先进的发展理念

F. 其他

B4. 您觉得当地政府对七里坪镇“红绿结合”特色小镇建设中的宣传工作做得怎么样？

A. 非常好，在当地众所周知，对外宣传也很广泛

B. 比较好，当地大多数人都知道，而且对外也有一些宣传

C. 一般，做了一些宣传工作，影响范围有限

D. 比较差，宣传工作没有到位，知道的人不是很多

E. 非常差，从来没有进行宣传过，不知道该建设计划

B5. 您所知道的七里坪镇“红绿结合”特色小镇建设的参与者有哪些？(多选)

A. 当地政府部门

B. 当地社会团体（如环境保护团队）

C. 当地企业商户

D. 当地普通百姓

F. 其他

第三部分：七里坪镇“红绿结合”特色小镇建设的实际效果

C1. 您认为当地进行“红绿”资源整合打造特色小镇带来的影响有哪些?(多选)

A. 发展特色产业，当地经济发展水平有所提高

B. 改善城镇风貌，人们居住环境更加优化

C. 文化产品增加，人们文化生活不断丰富

D. 基础设施不断完善，人们生活更加便捷

E. 政府给予关心支持，城乡更加和谐

F. 没什么影响，感受不明显

G. 其他

C2. 您觉得当地人是否能在七里坪镇“红绿结合”特色小镇建设过程中受益?

A. 非常明显，提供了更多的就业机会，收入大幅度增加，生活水平得到极大改善

B. 比较明显，为当地农民提供了一些新的就业方向，农民收入有所增加

C. 一般，感受不明显

D. 比较不明显，生活没有改观，熟悉的生活环境有所破坏

E. 非常不明显，增加了当地的失业率，降低了农民的收入

C3. 您觉得七里坪镇“红绿结合”特色小镇在建设规划上做得怎么样?

A. 非常好，空间布局合理，道路规划良好，社区环境整洁，建筑风貌保存良好

B. 比较好，空间布局较为合理，道路较为通畅，偶尔发生堵塞，社区环境大体整洁，建筑风貌得到一定的保留

C. 一般，没有显著差异，感受不明显

D. 比较差，空间布局较不合理，道路存在堵塞，社区环境较脏乱，建筑风貌遭到一定破坏

E. 非常差，空间布局混乱，道路破坏程度严重，社区环境脏乱差，

建筑风貌完全被破坏

C4. 您觉得七里坪镇“红绿结合”特色小镇建设在文化传承上做得怎么样？

A. 非常好，保护革命遗迹，建立起革命老区教育基地，红色文化得到了很好的传承和发扬

B. 比较好，当地的红色文化基本得到了传承，一定程度上有发扬，有相应的教育课堂、影视作品和宣传

C. 一般，当地革命遗迹遗址基本得到了相应的保护

D. 比较差，没有得到很好的传承，甚至有所遗失，红色文化影响力十分有限

E. 非常差，革命遗迹遗址遭到破坏，数量不断减少

C5. 您觉得七里坪镇在进行“红绿结合”特色小镇的建设中的设施服务建设怎么样？

A. 非常好，道路交通顺畅，市政设施完善，各种公共服务设施到位

B. 比较好，道路基本通畅，市政设施较为完善，基本的公共服务设施齐全

C. 一般，设施服务建设较少，没有明显的感受

D. 比较差，偶尔发生拥堵，市政设施不完善，部分公共服务设施较少

E. 非常差，交通十分堵塞，市政设施差，公共服务设施非常欠缺

C6. 您觉得当地政府在七里坪镇“红绿结合”特色小镇建设上的体制机制怎么样？

A. 规划管理十分合理，政府分工合理，执行力度强，省政府和县政府也给予了政策支持

B. 规划管理较为合理，政府政策执行力度尚可，所定计划大部分得到实施

C. 一般，进行了一些规划管理，部分计划得到具体实施

D. 规划管理较为不合理，政府分工不明，政策执行力度弱，很多计划没有得到实施

E. 规划管理非常不合理，政府缺乏分工，计划没有得到落实，发展理念错误

C7. 您对当前的“红绿结合”特色小镇建设是否满意？

A. 非常满意　B. 比较满意　C. 满意　D. 不太满意

E. 非常不满意

C8. 您认为目前七里坪镇“红绿结合”特色小镇的建设还存在哪些问题?(多选)

A. 对红色文化遗产的保护力度不够，革命遗址遭到破坏

B. 对绿色资源的保护力度不够，景区的生态环境遭到破坏，例如旅游发展和影视作品拍摄等带来了生态环境的破坏

C. 影响了当地居民日常生活，给当地居民带来了不便

D. 当地居民没有从中受益，不能带动当地居民的积极性

E. 规划和实际的实施情况落差明显，很多建设计划并没有实现

F. 特色小镇的宣传力度不大，发展动力不足

G. 其他

C9. 您认为目前七里坪镇“红绿结合”特色小镇的建设中存在的问题有哪些?(多选)

A. 政府的整体规划设计不合理

B. 相关部门宣传工作不到位

C. 缺乏相关的政策资金支持，具体措施难以落实

D. 百姓参与度低，建设脱离人民群众

E. 当地现实情况复杂，建设难度大

F. 其他

C10. 您对当地红色资源利用成效的评价是?

A. 非常有成效　B. 比较有成效　C. 有成效

D. 不太有成效　E. 没有成效

C11. 您对当地绿色资源利用成效的评价是?

A. 非常有成效　B. 比较有成效　C. 有成效

D. 不太有成效　E. 没有成效

C12. 您对当地红色资源与绿色资源结合利用成效的评价是?

A. 非常有成效　B. 比较有成效　C. 有成效

D. 不太有成效　E. 没有成效

第四部分：当地人对七里坪镇“红绿结合”特色小镇建设的态度

D1. 您是否认同政府的七里坪镇“红绿结合”特色小镇建设计划?

A. 非常认同，该建设计划有利于促进当地经济发展，提高人们的生

活水平

B. 比较认同，该建设计划整体利大于弊

C. 一般，该建设计划有实施的必要性

D. 比较不认同，该建设计划不利于“红绿”资源的保护，对当地传统有一定的破坏

E. 非常不认同，该建设计划破坏了原有的生活环境，带来负面效应

D2. 您是否支持政府进行七里坪镇“红绿结合”特色小镇建设？

A. 非常支持　B. 比较支持　C. 一般　D. 比较不支持

E. 非常不支持

D3. 您是否愿意主动参与到七里坪镇“红绿结合”特色小镇建设过程中去？

A. 非常愿意　B. 比较愿意　C. 一般　D. 比较不愿意

E. 非常不愿意

附录 2

七里坪镇“红绿结合”特色小镇建设访谈提纲

Q1. 红安不仅有丰富的红色资源，也有很好的绿色资源，发展旅游业如何将两种资源结合起来？

Q2. 除了编制旅游路线之外，其他的结合发展还体现在哪些方面？当地产品有没有打上“红色”标识，把红色文化传播出去？

Q3. 在旅游发展上，您觉得当地的红色资源开发利用程度如何？绿色资源开发利用程度如何？

Q4. 在全县的发展上，把七里坪镇摆在什么样的一个位置？对于它的发展定位是什么？

Q5. 您觉得七里坪镇作为特色小镇，它的“特”体现在哪里？

Q6. 您怎么看七里坪镇作为全域旅游打造的重点镇？

Q7. 您如何看待长胜街上的基础设施还不是很完善，如没有足够的厕所等问题？

第二专题　红安县红色文化资源经济价值实现情况调查研究

革命老区作为红色文化资源的集中地和经济建设的重点地区，积极探索把红色资源利用好、把红色传统发扬好、把红色基因传承好的红色文化资源与经济建设相结合的发展道路，助力革命老区脱贫奔小康，不仅有助于实现全面建成小康社会，更对拥有丰富红色文化资源的革命老区开辟长效发展道路大有裨益。红安县是全国红色文化资源的富集区，其拥有的红色文化资源无论是数量还是质量都极具优势。团队在实地调查过程中分别深度访谈了相关政府部门、企业、商铺、当地居民及游客，分析并总结了红安红色文化资源经济价值发挥的作用，探索存在的问题与不足，通过与重庆“红岩联线”进行对比，结合其他地方经验，针对不足与问题一一提出解决对策与建议，最后归纳总结出红安红色文化资源合理开发的模式，为红色文化资源的利用寻找一种具有引领意义的开发新范式，最大限度地发挥红色文化资源的经济价值。

一、选题的背景和意义

（一）选题背景

我国是世界上最大的发展中国家，仍处于并将长期处于社会主义初级阶段的基本国情没有变。党的十九大报告指出，我国社会主要矛盾是人民日益增长的美好生活需要和不平衡不充分的发展之间的矛盾。在经济取得长足发展的同时，也必须认识到我国经济发展存在着不平衡不协调的态势，我国仍存在城乡差距问题、体制机制不完善等问题。2015 年底，《中共中央 国务院关于打赢脱贫攻坚战的决定》正式发布。这份长达万余言的重要文件，对未来五年的脱贫攻坚工作作出了全面部署，并要求各级党委政府层层签订脱贫攻坚责任书，立下“军令状”。习近平总书记在 2017 年新年贺词中提到：“小康路上一个都不能掉队！……全党全社会要继续关心和帮助贫困人口和有困难的群众，让改革发展成果惠及更多群众，让人民生活更加幸福美满。”他在金寨县调研时指出：“全面建成小康社会，一个不能少，特别是不能忘了老区。”党的十九届四中全会首次提出要建立解决相对贫困的长效机制。为更好地实现社会主义现代化，要求中国共产党不仅要巩固已有的脱贫攻坚成果，还要继续带领人民与反贫困作斗争，保障人民过上更高水平、更高质量的幸福生活。

革命老区脱贫奔小康是习近平总书记始终牵挂在心的大事。“我们要实现第一个百年奋斗目标，全面建成小康社会，没有老区的全面小康，没有老区贫困人口脱贫致富，那是不完整的。”“加快老区发展，使老区人民共享改革发展成果，是我们永远不能忘记的历史责任，是我们党的庄严承诺。”确保老区人民同全国人民一道进入全面小康社会是习近平总书记强调的硬任务。“老区精神积淀着红色基因。在今天奔小康的路上，老区人民同样展现出强烈的奉献奋斗精神。”“革命传统资源是我们党的宝贵精神财富，每一个红色旅游景点都是一个常学常新的生动课堂，蕴含着丰富的政治智慧和道德滋养。要把这些革命传统资源作为开展爱国主义和党性教育的生动教材。”“要发扬红色资源优势，深入进行党史军史和优良传统教育，把‘红色基因’一代代传下去。”“要把红色资源利用好、把红色传统发扬好、把红色基因传承好……”习近平总书记这一系列关于弘扬红色文化的重要论述，深刻阐明了保护利用红色文化资源的重要意义。

革命老区，是革命战争年代老一辈先烈们抛头颅洒热血的红色圣地，革命老区人民作出了突出的贡献，也因此付出了巨大的牺牲。新形势下，积极推进“生态经济建设”，是革命老区改善资源环境状况的客观诉求，是革命老区人民谋求幸福生活的共同愿望，具有重要的现实意义。革命老区作为红色文化资源的集中地和经济建设的重点地区，积极探索红色文化资源与经济建设相结合的发展道路，不仅对于实现全面建成小康社会有重要意义，更对为拥有丰富红色文化资源的革命老区开辟长效发展道路大有裨益。红色文化资源是中国共产党领导中国人民在革命战争年代进行的革命活动及其结果，这种活动及其结果表现为人们可以开发利用的物质形态、信息形态、精神形态的历史遗存。红色文化资源是集多种价值于一体的文化资源，我们要对其加以合理开发，使之价值得以体现、功能得以发挥。

红安县是全国红色文化资源的富集区，其拥有的红色文化资源在数量和质量上都极具优势。红安县近几年高度重视红色文化资源的开发利用，在一定程度上促进了其经济发展。但是，红安县对于红色文化资源的经济价值的挖掘还有很大的提升空间，有必要进一步采取多种措施大力发挥红色文化资源的经济价值。

在全面建成小康社会的大背景下，本团队按照我校大学生主题社会实践活动要求，响应“千名学子寻梦行”社会调查系列活动号召，在学院老师的指导下，团队确定了以“红安红色文化资源经济价值发挥状况调查研究”为主题的社会调查活动，于7月初在指导老师的带领下前往湖北省红安县进行实地调查。红安县作为拥有独特深厚的红色文化资源的区县，如何合理利用红色文化资源，从而使得经济价值最大化，具有非常典型的研究意义和价值。团队在实地调查过程中分成三个小组，分别深度访谈了相关政府部门、企业、商铺、当地居民及游客，分析并总结红安红色文化资源经济价值发挥的成果和成就，探索存在的问题与不足，通过与重庆“红岩联线”进行对比，结合其他地方经验，针对不足与问题一一提出解决对策与参考意见，最后归纳总结出合理的红安红色文化资源开发模式，为红色文化资源的利用寻找一种具有引领意义的开发新范式，最大限度地发挥红色文化资源的经济价值。

（二）研究意义

第一，有助于了解红色文化资源，研究红色文化经济。红色文化作为一种先进文化、和谐文化，是国家文化建设的一部分；作为一种文化资源，红色文化资源是红色文化产业的一部分。对红色文化资源合理地进行开发和利用，能够带来巨大的政治、经济、文化效益。团队主要围绕红安红色文化资源的开发利用，研究伴随红色文化资源而产生的红色经济，为我们进行实地考察提供理论支持和调查导向。

第二，发挥红色文化价值，助力县域经济发展。红色文化是社会主义市场经济发展的动力之一，是革命老区发展的重要资源，已成为新的经济增长点。合理开发当地红色文化资源，是促进地区经济发展的重要手段。但由于实践中存在着这样那样的问题，红色文化资源能够发挥的作用总是受到限制。红安作为老革命区，拥有丰富的红色文化资源，在其经济发展中红色文化资源价值的发挥取得了一定成绩，但是还是存在一些不足的地方。团队深入了解红安红色文化资源经济价值发挥状况，总结成就与不足，结合其他地方经验和红安实际提出针对性意见和建议，积极探寻红色文化资源与经济发展结合的新思路，为红安今后进一步发展提供一定的思路借鉴。

第三，依托学科专业优势，理论紧密联系实践。团队成员主要来自中国地质大学（武汉）马克思主义学院和地空学院，在理论研究与实际操作方面都有着自身独特的专业优势。他们从不同的角度对红安县红色文化资源经济价值发挥状况提出针对性、专业性强的具体建议，将社会调查与统计等学科相关知识与实地考察相结合，理论紧密联系实践。

第四，丰富科研实践经历，培养团队合作意识。丰富的社会实践经历是大学生成长成才不可或缺的一部分。此次社会实践对于团队成员来说是一次不可多得的机会，团队成员深入社会基层，研究社会现状，能够极大地提高团队成员的社会实践能力，锻炼自身的品格作风，培养团队合作能力和团队意识。

二、红安县红色文化资源经济价值实现的现状

（一）相关概念界定

1. 红色文化资源

红色文化指的是中国共产党在领导中国人民长期的革命战争、社会主义建设和改革开放大潮洗礼的过程中逐渐形成的，反映中国共产党和最广大劳动人民的理想、信念、道德、价值，对美好生活的追求和向往，以多样化的文化方式来传承、记载、歌颂和承载这一历史过程和现实的文化综合体。红色文化资源是中国共产党领导中国人民在革命战争年代进行的革命活动及其结果，这种活动及其结果表现为可以被人们开发利用的物质形态、信息形态、精神形态的历史遗存。具体来说，其包括物质、精神、文化三个方面的形态。其中，物质的红色文化资源是指革命年代保留下来的遗迹、纪念馆、博物馆、烈士公墓等，精神的红色文化资源是指在中国共产党领导下形成的各种英雄主义精神和以爱国主义为核心的民族精神。我们都知道红安是出过无数英雄的将军县，在抗战中形成了坚不可摧的大别山精神，具体表述为“要革命，不要钱、不要家、不要命”的“一要三不要”精神和“图奉献（原为“图贡献”）、不图名、不图利”的“一图两不图”精神。

2. 红色文化资源经济价值

经济价值是指任何事物对于人和社会在经济上的意义，红色文化资源

经济价值就是红色文化资源给当地带来的经济上的发展和效益，分为直接和间接两个方面。红色文化资源的经济价值主要体现在以下三个方面：

(1) 红色旅游。红色旅游已成为革命老区旅游业发展的一个重要的优势产品，它不仅是宣传爱国主义思想和加强精神文明建设的重要阵地，同时对提升区域形象、提高当地产品知名度、促进区域经济发展都具有重要作用。随着以红色旅游为龙头的红色产品相继实现规模化经营和系统化管理，红色文化资源开发必将为全国各地，尤其是革命老区社会经济文化的全面发展增添新的动力。现在，红色文化和旅游相互融合、相互渗透，以红色文化促旅游发展，以旅游促红色文化传播成为新的发展趋势。革命老区保留下来的革命遗址和可歌可泣的动人故事，既是宝贵的精神财富，也是发展相应的红色文化产业的重要资源。革命老区大多位于地势险要、易守难攻的山区，风景优美、生态宜人，把红色文化和生态文化结合起来，寓思想道德教育于文化娱乐、观光游览之中，二者相映生辉、相得益彰，既有利于传播先进文化，提高广大干部群众的思想道德素质，又有利于把红色文化资源转变为经济资源，推动革命老区的经济发展。

(2) 红色文化产业。现在各个地方特别是革命老区都在不同程度地对红色文化资源进行开发、利用。从红色文化产业方面来讲，开发红色文化资源，实现红色文化产业链，仅停留在红色旅游这一方面是不够的，将红色旅游等同于红色文化产业的这种观念也是不科学的。观念的缺位是制约红色文化产业发展的最大瓶颈。红色文化资源丰富的地方，红色文化产业就有良好的基础，我们要利用好这个优势，将红色文化做成产业群，形成产业链条，只有这样，才能振兴红色文化产业。

(3) 红色血脉，吸引投资。红色文化是新的历史条件下经济发展的重要媒介。在现实社会生活中，一些国内外实业家的祖辈或父辈曾参加过轰轰烈烈的新民主主义革命，他们中有不少人对祖辈或父辈战斗过的红色故土魂牵梦萦。他们用各种方式表达他们对老家、对祖籍地难以割舍的情缘，或直接、或间接地支援该地的经济建设，而许多经济尚不发达的革命老区也以此为纽带，招商引资、招才引智。许多地方通过搭红色文化台，唱经济贸易戏，收到了良好的经济效益和社会效益。

(二) 红安县红色文化资源开发利用状况

1. 红安县红色文化资源概况

第一，革命文物遗址遗迹资源遍布全县各地。红安县红色文化资源丰富，其中有 5 处 41 个点被列入国家级重点文物保护单位，16 处 24 个点被列入省级重点文物保护单位，同时还有 168 处市县级重点文物保护单位。黄麻起义和鄂豫皖苏区纪念园、七里坪长胜街革命遗址群、红四方面军诞生地、董必武故居、李先念故居、61 位将军故居等革命旧址、纪念场馆等为红安县具有代表性的红色革命资源。红安是全国 12 个重点红色旅游区、30 条红色旅游精品线路之一，黄麻起义和鄂豫皖苏区纪念园被列入全国重点打造的 100 个“红色旅游经典景区”，全县共有 4A 级红色旅游景区 2 处（黄麻起义和鄂豫皖苏区纪念园、李先念故居）、3A 级景区 1 处（七里坪长胜街）。

第二，革命文化及艺术资源丰富多样。红安红色文化资源除了各种遗址遗迹纪念碑等物质载体外，还有极为丰厚的非物质文化形态的资源，如红安麻城的红色歌谣、红色标语、红色戏剧曲目；一些传统手工技艺也具有红色文化特征，如红安的手工鞋垫、饮食方式、食品等等。产生于土地革命、抗日战争和解放战争时期的民歌、民舞、民间曲艺、民间艺术、民间戏剧、民间文学为广大人民群众所喜闻乐见。著名的民歌有《八月桂花遍地开》《送郎当红军》《董必武回故乡》等 200 多首，民间舞蹈有《刘海戏金蟾》《天足舞》《大刀舞》《绣山情》等 40 多个，有鼓书《王秀松大义灭亲》，快板剧《张南一豪气冲天》等曲艺节目 20 多曲，民间器乐有《我跟情郎戴红花》《红军哥哥回来了》等 20 多首，楚剧有《铜锣记》《英雄树》《长袖大仙》等 8 曲。还有大量产生于革命战争年代的民间故事，更有在长期的革命战争年代中形成的“要革命，不要钱，不要家，不要命”“图贡献，不图名，不图利”的红安革命精神，这种“一要三不要”和“一图两不图”的革命精神集中体现了当年红安共产党员崇高的革命理想、坚定的革命信念、顽强的战斗作风、高尚的思想品德、无私的奉献精神，更是新时期永葆共产党员先进性的宝贵精神财富。所有这些都是红安红色旅游的宝贵资源。

第三，新兴红色文化资源振兴。红安县政府投资建成了红安将军影视城，近年来，《铁血红安》《战将韩先楚》《生死血符》《百姓也是兵》《李先念》《东方战场》《无名战役》等 13 部影视剧相继在红安县拍摄，并在央视及其他频道播出。影视剧的拍摄和播出，使影视基地变为另一个红色文化旅游景区。红安县近年来大力开发红色文化精品工程。大型室外情景剧《红安魂》成为干部学院学员必看剧目。大型红色革命历史题材音乐剧

《红安回响》已正式公演，并计划面向全国巡演。以红安历史及开国将军为原型的《铁血红安》《夜袭》《刘昌毅决战宿县》《惊沙》《亮剑》等影视剧在全国各电视台反复播放。县委还组织专家对红安红色文化、大别山精神进行挖掘，出版了《将军的摇篮》《红安为什么这样红》《经典红安》等红色之旅系列丛书。红安县积极开发三座"红色名山"——天台山、九焰山和老君山，它们不仅拥有优美的自然景观、悠久的名胜古迹，积淀了丰厚的人文、历史资源，还留下了许多革命遗址遗迹和光荣的红色印迹。三特索道公司计划投资13亿元，整合旅游资源，加大开发力度，以"红"带"绿"，促进全面融合，将这三座红色名山开发成"红绿"融合发展的典范，成为新的知名景区。红安新档案馆收藏了许多珍贵的红色文化档案，并且举办了一系列红色主题展览，成为学习革命先烈精神、感受红色文化的重要场所。

2. 红安县红色文化资源经济开发利用取得的成果

红安县丰富的红色文化资源的经济价值开发有着良好的条件。一方面，全国范围内红色旅游开发和国内外消费者在旅游方面消费欲望的持续升温带来了发展机遇，尤其是红色文化独特的吸引力得到了政府的认可与支持。红安红色旅游具有较高的知名度，得到中央、地方的支持后，可以与周边县市构建旅游发展联盟，相互依托，构建"大旅游"格局。另一方面，红安县在红色文化资源和自然人文景观资源方面具备得天独厚的优势。红安红色文化底蕴深厚，红安这块红色的土地是红色文化资源的宝库，这里以两位国家主席、二百多位将军以及当代文化名人叶君健、张培刚、冯天瑜等而闻名于世；鄂豫皖革命根据地的建立和发展，更为这块红色的土地增添了深厚的文化积淀。红安自然人文景观丰富，革命文物遗址遗迹遍布全县，主要红色景点有：李先念故居纪念园、陂安南县苏维埃旧址、陈锡联将军故居、王近山将军故居、将军文化影视城、董必武故居纪念园、黄麻纪念园、长胜街、红四方面军诞生地、鄂豫皖中心烈士陵园、秦基伟将军故居、红二十五军军部旧址、红二十八军军部旧址、抗日军政学校旧址等。红安县的天台山、九焰山和老君山，自然景观优美、红色文化印迹深厚。目前，红安县红色文化资源经济价值开发已取得了如下成果：

第一，全力打造红色旅游经典。充分利用红安县的红色文化资源，将其迅速整合，合理开发利用，增强红色旅游产业中的文化内涵，使旅游产业具有迷人的魅力和长久的生命力，使之更好地为全县经济建设服务。目前，红安县相关部门计划从三个方面参与打造红色旅游经典景区：整合“百里红色长带”，采取完善配套设施、提升布展品位等措施，计划从县南高桥镇庙嘴湾村以昔日的“陂安南县苏维埃政府”为中心的革命遗址群，到县城以“黄麻起义和鄂豫皖苏区革命烈士陵园”为中心的革命遗址群，整合成气势恢宏的红色旅游风景线，形成“百里红色长带”；唱响“两百将军故里品牌”，采取修通乡村公路、整修将军故居、整理将军故事等措施，将陈锡联、韩先楚、秦基伟等223位将军的故里打造成红色旅游经典品牌，以满足广大游客寻访将军足迹、探寻将军故里的心理需求；开发“三座红色名山”，通过多方筹资、引资，大力开发董必武、邓小平、刘伯承、李先念、徐向前、刘华清曾经战斗过的天台山、九焰山和李先念故居门前的红马寨；编排体现红安历史、民俗风情的文艺节目在各景区举办有地方特色的流动演出，做到寓教于乐、寓智于乐。正是有了这些红色文化资源宝库，才得以让世界认识红安，让人们了解红安。据不完全统计，近年来，每年为造访将军故里而来红安县旅游的人数达200余万人。国内有500多个机关、团体、高等院校及军事院校在红安县建立了传统教育基地，2019年，红安县接待游客1080万人次，比上年增长20.13%，旅游综合收入53.81亿元，较上年增长22.38%。

第二，加大红色文化品牌开发。红色文化资源是中华文明传承的重要载体，是革命先辈先烈在长期的革命、建设和改革实践中留下的不可复制的历史遗存、宝贵财富，具有重大的政治价值、教育价值、文化价值。为突出“将军故里，传奇红安”红色文化品牌，红安县多途径、多渠道、多角度地开展对外宣传，提高旅游景区的知名度。首先是区域协作推介。红安县先后签订了鄂豫皖红色旅游区联合宣言、武汉城市圈旅游合作协议等，实现了跨省域、跨县域的互动双赢。其次是大力开发红色文化精品工程。大型室外情景剧《红安魂》成为干部学院学员必看剧目。大型红色革命历史题材音乐剧《红安回响》已正式公演，并计划面向全国巡演。以红安历史及开国将军为原型的《铁血红安》《夜袭》《刘昌毅决战宿县》《惊沙》《亮剑》等影视剧在全国各电视台反复播放。组织专家对红安红色文化、大别山精神进行挖掘，出版红色文化系列丛书，例如《红安两百将领传》《将星灿烂》《红安文艺》《红安荡腔锣鼓》《红安开国将军》《秦基伟画传》等。同时还出版了由县委宣传部主编的《天台山》、县政府相关人员的摄影作品集《钟灵毓秀天台山》等书籍。由红安县委党史办原主任郭家齐著，中央党史研究室原副主任石仲泉作序的《将星灿烂——红安中国第一将军县揭秘》《人杰地灵，红安名人与大事聚焦》被列为全县红色旅游产品。

第三，合理利用红色资源推动发展。近年来，红安县通过吸引民间资本，采取创业引导、小额贷款、信用担保等措施鼓励外出经商、务工人员回乡创业，鼓励利用当地红色文化资源，激活民间资本。

七里坪镇个体老板李文齐回乡在烟宝地村投资3000万元，建起占地180亩的湖北将军红民俗文化度假村，安排了200人就业。

红平旅游公司与红安县文物局联手打造红安七里坪长胜街系列旅游景区。

深圳宝安集团与红安县联合开发以天台山为主体的三座红色名山。

红色之光旅游开发有限公司与城关镇联合开发似马山红色文化纪念园。

200多个省内外单位及大专院校来红安县挂牌建立传统教育基地和爱国主义教育基地，拓宽了文物保护和旅游点建设资金。

近年来，全县经济运行稳中有进，人民生活质量持续提高，全面建成小康社会取得新进展。经初步核算，2019年红安县全年完成生产总值199.11亿元（现价），按可比价格计算，比上年增长6.3%。其中：第一产业增加值24.73亿元，增长3.0%；第二产业增加值93.51亿元，增长6.8%；第三产业增加值80.87亿元，增长7.0%。三次产业结构比由2018年的15.11∶48.07∶36.82调整为12.42∶46.96∶40.61，第三产业占比首次超过40%，较上年提升3.79个百分点。2019年红安县旅游接待人次1080.44万人次，综合旅游收入59.81亿元。

第四，全面推进全域旅游新画卷。当前红安全县上下已经形成共识，将文化旅游兴县战略提升到非常重要的位置，抢抓国家全域旅游示范区创建历史机遇，按照“以红为魂，红绿相间，多产融合，全域旅游”的发展思路，把红安全域作为一个大景区来建设、运营和管理，推进全区域规划、全要素整合、全产业融合、全民共建共享，构筑以县域为基础、景点为支撑、服务为保障的全域旅游格局。

红安县主要抓好“一轴一环二镇三园四区”项目建设，即一条百里红色旅游长廊主轴，一条生态慢游旅游循环线，二大省级旅游名镇七里坪镇、高桥镇，黄麻起义与鄂豫皖苏区纪念园、李先念故居纪念园、董必武故居纪念园三大核心红色经典景区园，天台山禅修养生度假区、陡山古村乡村旅游区、熊家湾田园谷农耕文化体验区、金沙湖湿地生态旅游区四大生态休闲体验区。此外，将黄麻起义和鄂豫皖苏区纪念园、李先念故居纪念园、董必武故居纪念园、七里坪长胜街、鄂豫皖苏区中心烈士陵园等红色旅游资源整合，全力争创红色5A级景区。同时，每年举办红安天台寺禅乐文化节、国际禅茶大会、老君眉茶文化节、“最美红安”摄影展等活动，并组团参加华中旅游博览会、江西旅游博览会，让红安的旅游名气越来越大。

第五，普惠民生，红色资源带动扶贫。红安县围绕创建“全省旅游精准扶贫示范区”的目标，制定了《红安县旅游扶贫实施意见》《红安县旅游扶贫实施办法》等政策，按照深度开发红色旅游资源、带动乡村旅游发展的思路，采取“修复一处故居，打造一个景点，致富一方百姓，带活一方经济”的办法，确定了30个旅游扶贫村，支持贫困村和贫困群众创业就业，共享旅游发展红利，实现稳定脱贫。

2019年8月，红安成功摘掉了国家级贫困县的帽子，脱贫的背后，旅游扶贫功不可没。位于天台山风景区核心区的夏畈村，借助对天河探险漂流项目，打旅游牌，吃旅游饭，每年接待游客达10万余人，村集体年均收入达30万元，90%以上的农户平均旅游年收入在2万元以上。

夏畈村党支部书记秦基友说：“我村通过漂流项目带动精准脱贫，使村民变股民，每年的承包收入除了投资再生产外，均用于村民分红，2017年人均分得800元。我村通过旅游项目带动，也发展壮大了村集体经济，村集体每年为村民购买新农合、新农保，成功实现精准脱贫的目标。”

据统计，红安县平均每个A级景区带动周边旅游核心扶贫村3个，辐射带动非核心旅游乡村18个。

（三）红安红色文化资源经济价值开发存在的问题

经过调查，红安县红色文化资源开发利用成绩斐然，但是也存在如下问题：

1. 从红色文化资源本身来看，红色文化资源的开发力度不足深度不够，影响经济价值的发挥

（1）部分红色文化资源被闲置。闲置主要是指忽视红色文化资源的作用，把其搁置在一边，任由其价值慢慢地流失而未能产生应有的效应。红安红色文化资源由以下两个方面组成：一是革命文物遗址遗迹资源，全县

有163处革命历史遗址遗迹，其中有以七里坪长胜街为代表的国家级文物保护单位4处40个点；二是革命文化资源，产生于土地革命、抗日战争和解放战争时期的民歌、民舞、民间曲艺、民间艺术、民间戏剧、民间文学为广大人民群众所喜闻乐见。有民歌《八月桂花遍地开》《送郎当红军》《董必武回故乡》等200多首；有民舞《刘海戏金蟾》《天足舞》《大刀舞》《绣山情》等40多个；有鼓书《王秀松大义灭亲》、快板剧《张南一豪气冲天》等曲艺节目20多曲；有民间器乐《我跟情郎带红花》《红军哥哥回来了》等20多首；有楚剧《铜锣记》《英雄树》《长褂大仙》等8曲；还有大量产生于革命战争年代的民间故事。我们在调查中发现很多红色文化资源被闲置的现象。全县163处革命历史遗迹，只有长胜街比较有名，李先念故居纪念馆建设较好，其他的革命历史遗迹不同程度地被淡忘，例如秦基伟故居只有三间平房，周围没有其他相关景区，预计浏览时间不到半小时，从七里坪镇到故居甚至没有直达公交。革命文化资源也没有得到较好的保存，只有在烈士陵园的一首诗流传较广：小小红安，人人好汉，铜锣一响，四十八万，男将打仗，女将送饭。

（2）红色文化资源被忽视性破坏。由于缺乏保护意识，部分经营者和开发者单纯追求利润最大化而有意忽视、漠视对红色革命文化资源的保护。只开发不保护的做法使得红色文化资源遭到不同程度的破坏以至消失，特别是驷马影视城。驷马影视城原由政府管理，后因某些原因转给商家，门票由免费改为收费30元。该景区周边的配套设施欠缺，只有一家旅店。除刚开始拍过《铁血红安》等电视剧外，逐渐冷清，游客量大大减少，景区内的饭店已经关门，仅有一家纪念品店，几乎没有什么游客，景区极为空旷。保护好文物的存在环境和保护自然环境的道理一样，文物资源是自然和人文生态环境的一部分，其存续也需要一个特定的环境。这些年红安经济得到迅速发展，到处都在搞基础设施建设，应充分考虑到文物资源的潜在发展优势，给文物资源留下一定的空间，使之与红安的自然环境相协调，并能够得到可持续发展。

（3）红色文化资源被滥用。红色文化资源的丰富内涵可通过不同的方式表现出来，在开发利用的过程中对红色文化资源内涵的把握不到位，甚至曲解误解庸俗化地加以开发利用，背离了开发利用的初衷。滥用的情况比较严重，主要有以下两种：在开发过程中仅限于对现有资源的简单利用，对革命历史文化内涵挖掘不够，对红色革命精神的锤炼不够，有的甚至不尊重历史的真实性和严肃性，市场经济负面影响致使有的红色革命文化趋向庸俗化。由于开发利用者追求经济利益最大化等原因，部分红色文化被舞台化、庸俗化。红安县宣称开发三座“红色名山”，大力开发董必武、邓小平、刘伯承、李先念、徐向前、刘华清曾经战斗过的天台山、九焰山和李先念故居门前的红马寨，但是在调查过程中，发现天台山并没有体现红色文化，而更多地是作为体现佛教文化的一个景点。

（4）基础设施落后。红安基础设施的落后已经成为制约红安红色文化产业持续发展的瓶颈，红安的基础设施落后主要体现在两个方面：一是红安的宾馆、文化娱乐设施档次低、数量少，而且服务质量和水平也比较滞后，比如对天河漂流的火爆让很多外省旅游者在红安找不到住的地方，驷马影视城周边只有两家旅店；二是红安的交通设施比较落后，特别是景区快速路建设相对滞后，来红安旅游的游客都有一种“游短旅长”的无奈。有很多景区没有直达公交车，而出租车一般要价比较高，比如调研团队从七里坪到秦基伟故居需打车前往，从七里坪上天台山也需要打车，遭受到了司机的随意要价。游客的劳顿之苦、行车不便，严重影响着红安客源的增长。

（5）红色文化资源联动不足。红色文化资源开发利用方式单一，即使一些重要景点，也存在着简单的听、观、走的模式，缺乏具有震撼性、体验性的旅游产品，缺乏吸引力，无法激发参观者的内心体验，效果不够理想。景点单一、景点之间没有连贯性，最终导致游客停留时间短，回头客少，经济效益不佳。比如李先念故居纪念馆和陈锡联将军故居虽然间隔不远，但是陈锡联将军故居尚未建设好，导致两个景点之间没有形成联动。

2. 从政府层面来看，政府支持力度很大程度上决定红色文化资源经济的发展前景，政府开发了很多红色文化资源，但很多都是在初级阶段，同时也存在因为项目多而顾此失彼的现象

（1）投资渠道单一。红安在红色旅游开发方面有巨大的潜力，但是就目前的投资来看，主要来源于上级政府部门对于重要文物遗址的保护和改建资金。例如为纪念黄麻起义 80 周年，投资建设的三大工程的资金、国家级重点文物保护的资金、省级文物保护的资金，这些资金立足于保护，短期内不可能转化为开发资金。随着红色遗址的免费开放，以收取这些场馆的门票费为基本营利模式是不足取的，也不可能成为长期的收入来源。这导致对于红色旅游进一步发展的投资吸引力的下降，单一投资渠道受到政策导向影响，波动较大，短期内不可能聚集大量资金进行政府行为的建设。红安作为革命老区，财政资金有限，无力承担大规模的旅游项目建设。

（2）景点投入不足。目前红安的几个主要景点都处于“小打小闹”的起步阶段，红色景点基本上属于政府投资，纪念馆、纪念碑、广场陵园的建设投入直接关系到景点的吸引力。低投入的景点无法形成强烈的吸引力，目前红安最大的红色旅游景点红安烈士陵园（占地1平方千米）的投资金额还不到韶山一个文物纪念馆（占地40亩）的十五分之一。

（3）开发措施落实不到位。红安红色旅游的开发尚处在初始阶段，虽然有许多设想，但是还没有做到整体规划、重点建设、有序开发，使得旅游发展远远落后于全国红色旅游发展的先进景区，如井冈山、西柏坡、延安，甚至也不如周边的新县。只重视文化资源单体开发，忽视文化资源的群体整合重组、立体开发，会导致资源利用率不高，综合效益不高。此外，对红色文化资源与其他资源的整合也不够。红安除红色文化资源之外，还有绿色自然风光、民俗文化等资源，开发利用时往往只注重开发某一方面，忽视与其他资源的联合开发利用，比如天台山只开发了绿色资源却忽视了红色资源。红色文化资源的开发利用与周围环境整合不够，红色文化资源的开发利用也需要有一定的氛围，以保持资源的连续性、完整性。比如在一些红色旅游景区，旁边的居民乱搭乱盖，一些商家在旁边乱摆乱卖，跟周围庄重的气氛完全不协调，破坏了红色教育的和谐氛围，有的红色建筑的周围建筑混乱且与主题毫无关联，长胜街在一定程度上存在这些问题。

3. 从民众层面来看，从事红色文化产业的红安人非常少，大多数居民虽然受着红色文化的熏陶，但只是把红色文化资源当作欣赏和享受的资源，没有想过将它转化为经济价值

（1）民众从事相关产业数量少。据调查，红安红色文化资源周边基本没有从事红色文化产业的居民，更多的是从事小吃摊、服饰店、菜场的工作。烈士陵园里面有一家卖仿制红军当年用品的店铺，但是产品单一陈旧，经济价值发挥不大，外面是一些餐馆、超市、面包店，以居民生活日常用品为主。董必武纪念馆周边以内衣店、服饰店为主，没有红色文化产业。驷马影视城里面只有一两家商铺，主打纪念品。驷马影视城脱离城区，周边是歌剧院、游客接待中心，公汽线路少，居民少，更谈不上从事

红色文化产业的居民。长胜街从事红色文化产业的居民很多，但据调查，消费红色产品的游客数量很少。长胜街为七里坪带来了数量颇丰的游客，但是七里坪主打餐饮业，红色文化产业少，红色文化经济发展较差。

（2）民众红色文化产业缺乏创新意识。从各个红色资源景点从事红色文化产业的居民数量来看，居民并没有把红色文化当作产业来发展的意识。不同的群体也有着不同的看法：老一辈群体把红色文化景点当作休憩场所；很多中年人认为红色文化资源的建设力度过大，反而没有很好地发挥红色文化资源的价值；青少年只是单纯地认为红色文化为当地带来了很多的游客，红色文化资源的经济价值并没有被居民深度挖掘。

红安红色产品开发还十分落后，相对知名的有红安苕、红军用品、红安大布。红色文化产品单一，从业人数少，对它们的开发也存在缺乏创新意识的问题。

（3）民众与红色文化的脱离感强。红安作为红色文化丰富的将军县，红安人也很热情淳朴，但是红色精神对当地居民的渗透力度却不够。很多红色旅游的景区开发，脱离了红色景区的传统历史文化，而过于专注突出其政治色彩和以往的政治因素。这使游客难免会产生脱离感，难以融入其中。

（4）民众获益少。从政府对红色文化资源的开发利用获得的收益来看，居民真正获益的较少。政府将大量的资金投入到红色文化资源的开发上，相应地用于民生的就会少。烈士陵园、李先念故居、长胜街、天台山不需要门票，驷马影视城门票 30 元，但是驷马影视城的收入是归“外人”所有，并不属于红安的收入。而游客长期都是由旅游车接送，很少在当地消费，所以红色文化资源的开发长期以来红安只有投入，产出很少。如果居民不能从红色文化资源的开发中获益的话，那红色文化对于他们来说将只是精神上的滋养，对于很多需要经济支撑的红安人来说并不实用，他们也就不会想要去挖掘红色文化资源的价值。

4. 红色文化资源的商业价值利用不足

在对红安红色文化资源的利用中，对它的内涵和外延利用不足。对红色文化的利用有过度利用、合理利用和利用不足之分，红安对红色文化利用的程度不足。开发是为了更好地利用，而不能仅停留在开发阶段，政府在将开发向纵深发展时，却没有注意到利用不足、与民众脱节、商业价值发挥不足等问题。

（1）利用方式单一。已经得到开发的红色资源如烈士陵园、长胜街、影视城，呈现给游客的方式简单，宣讲和游客自行观看的简单方式使游客看了一处就知道下一处是什么样子，缺乏吸引力。

（2）宣传方式不合理。红色文化是严肃生动的革命文化，不能过度商业化，导致它失去原有的严肃性。有些对红色文化资源的内涵把握不到位，曲解误解，有些地方滥用红色典故、红色故事，调侃红色人物，尤其是在市场经济的影响下，一些红色文化资源被庸俗化和过度商品化。

（3）宣传渠道单一。红色文化的宣传渠道比较单一，缺乏专业人士和渠道来负责红色文化的宣传。从现阶段红安红色文化的宣传展示来看，主要还是依托“一张床、一个橱窗、几张图片”等形式实现，难以生动有趣地讲述红色文化所蕴含的“前世今生”的革命故事，更难以将其背后丰富的革命思想传递给人们。

（4）网络传播能力不强。红色文化的网络传播能力，是指运用移动智能设备，通过微博、微信、微视频、微直播、微电影等方式，向受众全方位、立体化、多视角展示和宣传红色文化的能力。从红安红色文化网络宣传的现状来看，虽然建设有部分红色网站，但普遍存在网页设计缺乏整体规划、美观性不足、网站的更新速度较慢等问题，难以及时有效地展现红色文化丰富的思想内涵和精神实质，难以吸引青年的关注。

三、与重庆“红岩联线”案例进行对比，借鉴先进经验

古人说“择善而从”，懂得学习借鉴他人的成功经验是取得进步的一大捷径，红安红色文化资源经济价值的进一步开发也需如此。就全国各地区对红色文化资源开发利用的情况来看，重庆的“红岩联线”目前做得比较成功。在对该项目做了充分的线上调研并进行了为期两天的实地调查后，我们对“红岩联线”项目有了更深的认识。

2004 年 4 月，重庆市以歌乐山革命纪念馆与红岩革命纪念馆为中心，整合红色文化资源成立“红岩联线”，以“红岩联线”为品牌，成功打造出一条项目多元化的产业链，取得了巨大的经济收益和社会效益。“红岩联线”是重庆市文化体制改革的产物，在全国文化体制改革深入发展的浪潮中，“红岩联线”成功抓住了机遇，在资源整合、机制创新、研究开发、市场拓展、社会教育等方面取得了良好的社会效益和经济效益。近年来，“红岩联线”全面创新内部管理机制，整合文化资源，拓展市场运作，走

出了一条探索盘活革命文化资源、发展革命文化产业的成功的实践之路。

通过实地调研，我们总结概括出重庆“红岩联线”发展的几大亮点。

（一）品牌化发展

美国品牌价值协会主席莱利·莱特曾提出：“未来的营销是品牌的战争——品牌互争长短的竞争，商界和投资者将认清品牌才是公司最宝贵的资产，拥有市场比拥有工厂更重要，拥有市场的唯一办法，就是拥有占市场主导地位的品牌。”重庆“红色产业”的亮点之一就在于它的品牌化。2007年1月19日，重庆红岩联线文化发展管理中心（简称“红岩联线”）正式挂牌成立，为重庆市文化广播电视局管理的正局级事业单位。2010年12月31日，重庆红岩文化产业（集团）有限公司正式挂牌成立，集团下辖重庆红村网络信息技术有限公司、重庆市京剧团有限责任公司、重庆市话剧团有限责任公司、重庆市鼎原展览展示设计有限公司、重庆亿典文化传播有限责任公司、重庆立阳红色旅游景区服务有限公司、重庆歌乐山文化实业开发公司、重庆红色旅游社、重庆红岩魂展演艺术团有限公司9个子公司及红岩车队、文化宫影剧院等单位。

红岩文化产业集团紧紧围绕“强化主业，盘活资源，拓展市场，提质增效”的思路，做大做强做优“文化旅游、展览展示、文艺演出、影视制作、教育培训、文创产品开发销售”六大产业，致力于做强红岩品牌。

（二）规模化发展

相较于大多数地方红色景点的零散发展，重庆“红岩联线”的一大特点在于其规模化整体发展。如今，“红岩联线”多条旅游专线联线涉及红色旅游景点29处：

红色旅游线路一：红岩村（原八路军驻渝办事处）、大型艺术景观《红岩村启示录》、千秋红岩展览、曾家岩、桂园。

红色旅游线路二：红岩魂广场、红岩魂陈列总馆、渣滓洞、梅园、白公馆、松林坡、狼犬室。

红色旅游线路三：红岩村、大型艺术景观《红岩村启示录》、千秋红岩展览、红岩魂广场、红岩魂陈列总馆、渣滓洞、梅园、白公馆、松林坡、狼犬室。

红色旅游线路四：红岩村、大型艺术景观《红岩村启示录》、千秋红岩展览、红岩魂广场、红岩魂陈列总馆、渣滓洞、白公馆、松林坡、冯玉祥故居、郭沫若故居。

通过“专线联线”把偏远地区文化资源整合进“红岩联线”产业链中，进行规模化经营，通过连锁经营和品牌带动，充分发挥了“红岩”的品牌优势和龙头带动作用。

同时，在旅游专线增设城市观光车，专为红色线路运营，连接各个红色旅游点，车上还放映红色革命纪录片，实现了社会价值和经济效益的双丰收。

（三）一体化发展

重庆红岩旅行社致力于全国各地党团及单位活动、会议、会务服务的接待，提供优质的导游、旅游车、代售机票、代订酒店等单项服务，同时还可以根据顾客的需求，定制个性化、特色化私人旅游项目，策划季节性主题活动等旅游业务。在红岩情纪念品中心，各商铺实行集中经营，呈中心式展开，艺术团、旅游团、展览展示处也在附近设有咨询点，一体式发展在为旅客提供更好服务的同时也更进一步扩大了经济效益的空间。

（四）网络化发展

重庆“红岩联线”最突出的亮点在于其实现了现代网络科技与红色文化的完美结合。在“中国红村，遗址旅游，村村互联”的口号下，“红岩联线”实现了“四创”：创造了第一个中国智慧型爱国主义教育基地——中国红村；创建了第一个中国红色文化公共数据库（云服务）平台——中国红村联线；创办了第一个中国效益型红色网媒集团——红村网全媒体；创新了第一个中国红色文化（旅游）产业电商模式——O2O个性定制。同时，在渣滓洞等景点推出全球首创的3D画廊、7D影院，真实还原历史情景，使体验者可以身临其境地感受红色文化。在中国红村微电影体验中心，游客还能进行7D多人互动游戏，比如“重庆谈判”“铁血抗战”“魔窟逃脱”等等。“中国互联网＋”红色文化创意产品研发基地还能满足游客对红色创意纪念品的不同需求。借助现代网络，在保证红色文化社会效益的前提下，实现了对重庆红色文化资源经济价值的进一步开发。

（五）市场化发展

“红岩联线”发展始终以市场为导向，有效地抓住了市场需求。想要征服市场，首先要了解市场，为了了解市场，“红岩联线”在建设伊始就投资了十万余元进行大规模的市场调查，从十万多份问卷中分析现代观众对历史红色文化的需求，并根据调查结果分三次调整了纪念馆的陈列形式和内容。“我们面对的不再是靠发一份红头文件就来的‘文件观众’，而是有自己选择的‘市场观众’，红色文化作为精神产品，必须抓住市场需求点。”

（六）多元化发展

重庆“红岩联线”打破红色产业单一发展的瓶颈，向多个不同的方面延伸，“多元化”发展更好地促进了红色文化的现世价值发挥。比如有情景剧《生命作证——风雨歌乐山》《红岩魂》，话剧《红岩魂》，大型艺术景观《红岩启示录》，电视剧《不朽的红岩》，图书《风雨白公馆》《红岩》等，都是具有浓重红色文化色彩的艺术瑰宝，其中一些项目近年来参观人次超过千万，经济收益高达几千万元，再如“不朽红岩”网站的建设……这些多元化的文化产品不仅在红色文化传播上贡献卓著，也为重庆带来了巨大的经济收益。

四、红安红色文化资源经济价值进一步开发的对策与建议

在红安实地调研的基础上，参考重庆经验，我们针对红安红色文化资源利用中的部分不足，概括出以下对策和建议。

（一）在保护的前提下合理开发红色文化资源

红色文化资源的开发要在保护的前提下，坚持保护与开发相结合的原则。红安县拥有丰富的革命文化传统以及深厚的文化底蕴，拥有大量的革命遗址、名人故居等红色文化资源，占有红色文化资源上的优势地位。革命遗址的保护和旅游的开发，需要以科学的研究为基础。第一，要处理好经济建设和革命遗址保护的关系，权衡两者的重要性和价值的大小，制定相应的解决办法。第二，要深刻认识到红色革命遗址存在的意义，要认识到革命传统教育对红安能够发挥重要作用，并使之成为共识。同时，在日常管理中要防止文物破坏，及时对革命遗址进行修缮，对周边基础设施进行维修。第三，在因地制宜和合理利用的基础上，科学地发掘利用红色文化资源，深刻挖掘革命历史文化内涵，使当地的革命传统教育与旅游紧密结合，既发挥教育功能，又满足人们休闲娱乐的需要，产生经济效益。除此之外，应努力开发出更多具有民族特色、时代特色的红色文化产品，与时俱进地为红色文化资源赋予时代内涵，不断提升资源开发和利用的附加值。

（二）政府应统筹规划并充分发挥其主导作用

政府部门应发挥主导作用，综合协调、整合、保护红安当地的红色文化资源。应通过政府行为引导民众行为，使民众积极参与，得到民众最有力的配合，政府的开发管理也要得到群众的支持与响应，这有利于政府相关工作的开展。政府还应统筹规划、协调好各方的利益，各部门也应密切配合，协力做好工作。第一，在红色旅游方面，应规划好景点周边的配套设施，为游客和居民提供便利，在保证拥有最基础设施的同时，还要达到更高的标准。第二，要协调发展好第一产业、第二产业和第三产业，优化产业结构，应因地制宜发挥出优势，如大力推广红安苕等农产品，并形成产业链，形成整体效益。发展红色旅游也在一定程度上发展了第三产业，但不能只局限在餐饮、住宿行业，还应根据实际情况延展出更多有创新性、有本土特色的东西。第三，要有效整合红色旅游资源，避免大部分红色资源处于闲置状态，造成时间、空间的浪费，且难以带给当地居民收益的现象。要帮助拥有红色文化资源的老区，使开发红色资源与老区农村经济建设协调发展，保障老区人民的应得利益，为农民增收创收提供机会，激发民众参与的积极性和创新性。

（三）加大对外宣传力度，突出当地红色品牌影响力

红安作为中国第一将军县极负盛名，“两百个将军，同在一个故乡”已被很多人熟知，因此可以充分利用其品牌效益，将红色文化与红色旅游相结合，既发挥了红安红色革命遗址的教育意义，又发展了当地旅游业，推动了文化产业的发展，实现了社会价值与经济价值的同时发展。同时，要想让更多的人了解红安，把红安红色文化打造成知名的红色品牌，媒介的宣传尤为重要。除了通过广播、电视、报纸、杂志等媒介使人们知晓外，在新媒体背景下，网络的宣传力度应更大。应在微博、微信、旅游攻略、红色经典书籍、红色影视剧和动漫等方面加以重视，加以创新，加强对以青少年为主要人群的革命教育工作。要多加宣传红安的红色旅游，研究出合理的营销方案，还要加强景区周边的基础设施建设，给予游客良好的旅游参观体验。

（四）发展红色旅游产业，坚持“以红带绿，以绿托红”发展思路

依托红安山清水秀、绿色生态资源丰富的特色，当地确立了“以红带绿、以绿托红”的旅游综合开发思路，以红色之旅带动绿色之旅，以绿色景点丰富红色之旅。“红色激励人，绿色陶冶人，漂流刺激人”的宣传口

号，让越来越多的人来到红安旅游。努力打造红色旅游经济圈，使全县形成以红色旅游为主，绿色生态旅游、农家休闲旅游互为补充的合理发展模式，来推动全县经济更好更快地发展。今后，更应该继续坚持“以红带绿，红绿共同发展”的方式，既打响红安的红色品牌，又注重绿色生态环境的保护，使得红色革命遗址以及革命精神在绿水青山之间一直留存下去，防止当地生态环境的破坏与生物多样性的消失，给予人们更好的生活环境。这需要政府带好头，对人民群众进行良好的宣传教育，继续坚持逐渐实施的“红绿发展”旅游政策，继续开展接下来的工作。

（五）继续加强红色景区周边基础设施建设

一个景区周边基础设施的完备度很大程度上影响着游客来旅游参观的满意度，以及第二次前来参观的意愿度。因此，在发展红安的红色旅游时，要着力配套完善基础设施。首先是对通往各个景点的道路进行维修，修高速公路、铁路，设计合理的旅游线路，规划好景区间的公交路线，方便游客出行，还要制定出相关规定，实行出租车打表计程的计价方式，或统一计算收费标准，防止出现随意要价的现象，以免影响游客对红安的整体印象。其次，还要对景区的厕所、污水、垃圾进行整治处理，保障游客拥有良好的旅游环境。此外，还要发展好周边餐饮、住宿、商店、药店、快递等行业，以及游客中心、服务区等。

（六）在人力资源上要吸纳相关人才并加强人员培训

人才与资金在红色文化资源经济价值的发挥上具有重要作用。要想促进红安的红色文化产业发展、发展好红色旅游、增加经济效益，就要引进、吸纳相关专业人才、相关工作人员，引技引智，吸收新鲜血液，发展新的思路与想法，并给予人才良好待遇，使人才能够长期发展，带来更好的成效。同时，还应加强相关工作岗位的人员培训，在发展红色旅游上，要培训一批优秀的导游和场馆讲解人员以及高素质、态度良好的服务行业人员，也可适当引进人才，这也需要县政府有关部门、相关单位与旅游公司密切合作，工作人员也应做好本职工作，为游客提供更好的旅游服务。

（七）实施旅游扶贫策略，带动农村经济发展

红安县之前作为全国的一个贫困县，农业较为薄弱，工业上外来企业较多，短时间内难以培育出本土品牌企业。红安拥有着先天丰富的红色旅游资源，具有很大优势，而且红色旅游业作为新兴产业具有很大的经济潜力，从长远角度来看，应着重发展红安的红色旅游。红安县目前围绕创建

“全省旅游精准扶贫示范区”的目标，深度开发红色旅游资源以带动乡村旅游发展，已确定了30个旅游扶贫村，这对农村经济的发展具有很大作用。红安当地有许多特有的小吃和农产品，如绿豆粑、红薯、鱼面、花生等，可以在旅游景区售卖一些当地的特产，或专门建一条小吃街，增加村民收入。此外，还应继续做好依托乡村旅游发展，实施现代服务业扶贫；依托劳动力转移培训，实施智力扶贫；依托部门资源整合，实施行业扶贫等，拉动就业，增加贫困者收入。

（八）因地制宜，积极借鉴其他革命老区发展经验

虽然红安的红色文化资源丰富且具有先天优势，但红色旅游业仍处于起步阶段，仍有许多需要改进和转变的地方。我国有许多红色革命老区在红色旅游的发展上已打响了品牌，取得了很大的经济效益，又使游客得到了深刻的革命精神熏陶。如中国革命的摇篮——井冈山，它的遗址、文物和伟大的井冈山精神，都是极其宝贵的财富。当地政府对井冈山所蕴藏的宝贵红色资源极为重视，为此成立了井冈山精神研究会，加快了建设革命纪念地的步伐，并广泛开展红色文化宣传和红色旅游促销，着力打造红色文化品牌。井冈山革命纪念地的建设以及对红色资源的深入挖掘整理，为井冈山市发展红色旅游产业打下了坚实基础。重庆则将红色文化产业逐步发展成了当地经济的招牌产业。重庆市主城区内的红色资源丰富，“红岩联线”秉持“整合资源，联点成线”的发展方针对重点景区进行了整合，营造了非常良好的产业发展环境。红安应借鉴其他革命老区的发展经验，因地制宜，从实际出发并根据本地特色加以创新。尤为重要的工作是深刻挖掘红色文化资源的内涵，将其融入红色旅游当中。但需注意这不是让红色文化资源庸俗化，不是消费红色文化，而是在教育意义上发挥它的经济价值，带动全县的经济增长。还有对红色资源的重视程度上，政府应深刻认识到它的意义与价值所在，并且引导人民群众对其加以重视与保护。

（九）加大对当地居民的红色文化教育，弘扬红色精神

在对红安民众的街头采访中调研团队发现，熟知红安革命历史与人物的人群仅仅为老一辈人，他们至今仍记着先烈们的英勇事迹和革命精神，反观年轻人，他们则少了那份自豪感与使命感，对红安历史及人物知之甚少。虽然年代已很久远，但对当地以青少年为主的居民进行红色文化教育尤为重要，若能使人们都能接受红色革命精神的熏陶，弘扬红色精神，形成一个良好的红色文化氛围，那必将有利于保护和发掘红色文化资源，使

游客在旅游时也能从中受到红色教育。除了政府的宣传教育之外，最重要的是民众能够主动学习、弘扬，积极参与发展红色文化产业，共同发展红色旅游业，同时还应与政府密切沟通和交流，积极建言献策，提出意见与亟须改正之处。政府也应及时采纳意见，言行一致，维护人民群众的根本利益，同心协力，互惠互利，促进经济增长，共同促进全县经济社会的发展。

参考资料：

[1] 习近平. 决胜全面建成小康社会 夺取新时代中国特色社会主义伟大胜利 [M]. 北京：人民出版社，2017.

[2] 习近平. 论中国共产党历史 [M]. 北京：中央文献出版社，2021.

[3] 中共中央宣传部. 中国特色社会主义读本 [M]. 北京：学习出版社，2013.

[4] 中共中央宣传部. 新时代中国特色社会主义思想三十讲 [M]. 北京：学习出版社，2018.

[5] 南方日报评论员. 保护利用红色资源传承弘扬红色文化 [N]. 南方日报，2017-03-21（F02）.

[6] 李国强. 基于经济价值评估的陕北红色文化资源开发研究 [D]. 西安：西安工业大学，2011.

[7] 习近平. 习近平谈治国理政：第二卷 [M]. 北京：外文出版社，2017.

[8] 李雪琴. 红色旅游可持续发展研究 [D]. 武汉：华中师范大学，2006.

[9] 李向明. 江西红色旅游资源及其创新开发的思考 [J]. 江西财经大学学报，2005（2）：62-65.

[10] 王永秀. 沂蒙红色文化产业化发展对策探寻 [D]. 济南：山东师范大学，2013.

[11] 钟利民. 论红色文化的经济价值及其实现问题 [J]. 求实，2010（3）：84-87.

指导教师：文辉

团队成员：罗悦、陈玉、向君兰、史涛、王静、姜杨、孙文瑞、史可、邓裕丰、蔡薛文

附录

红色文化资源经济价值实现情况调查访谈记录

（注：以下访谈实录为对各组选取的部分访谈对象访谈时的内容，为节约篇幅，省去了实际中开始时打招呼以及团队调查介绍时的礼貌用语等）

1. 政府组

（1）红安县政府

问：请问您县是如何发挥红色文化资源作用的？

答：坚持质量监管，提升服务品质；传承红色经典，彰显教育功能；追求卓越品质，争做行业标杆。建设全国廉政教育基地、全国百家爱国主义教育示范基地、全国重点烈士纪念建筑物保护单位、全国民政系统行风建设示范基地、国家国防教育示范基地等。

问：红安最主要的红色文化景区是什么？

答：七里坪革命旧址、董必武故居纪念公园、红色革命遗址纪念群。主要部门有湖北红安革命传统宣传教育中心、黄麻起义和鄂豫皖苏区纪念公园管理处等。

问：请问您县具体是通过什么措施发挥红色文化资源作用的？

答：组织红色讲师团；建设"最红安""法治红安"等微信宣传平台；组建红安宣传队伍（党史革命史宣传培训计划、工程，党建调研宣传员，民间志愿者，义务讲解员）；宣传发扬"红安苕精神"。

问：除此之外还有其他的措施吗？

答：建设天台山等景区，"红绿"结合开发全域旅游。此外开发光伏发电项目，开设"重走长征路"旅游线路，发展老区梅茶特色产业，建设一批经济开发区。

（2）红安县旅游局

问：请问您县是如何发挥红色文化资源作用的？

答：坚持质量监管，提升服务品质；传承红色经典，彰显教育功能；追求卓越品质，争做行业标杆。建设全国廉政教育基地、全国百家爱国主义教育示范基地、全国重点烈士纪念建筑物保护单位、全国民政系统行风建设示范基地、国家国防教育示范基地等。

问：红安最主要的红色文化景区是什么？

答：七里坪革命旧址、董必武故居纪念公园、红色革命遗址纪念群。主要部门有湖北红安革命传统宣传教育中心、黄麻起义和鄂豫皖苏区纪念公园管理处等。

（3）红安县发改局办公室

问：请问红安县在“十二五”期间对于红色文化资源经济价值开发利用有哪些突出的成绩？

答：红色文化资源经济价值主要是依靠带动周边产业发展来实现的。比如“十二五”期间，《铁血红安》获得飞天奖提名奖，年接待海内外游客突破500万人次，创造旅游综合收入30.5亿元。除此之外，新型产业园已累计完成政府投资64.2亿元，建成101公里“六纵十一横”路网等，这些都对经济增长起到了极大的带动作用。

问：在“十四五”期间有什么重点规划吗？

答：我们在创新、城乡一体化、基础设施建设、绿色生态发展、文化建设、民生建设、改革开放等领域都有系统的规划，具体的可以参考我县“十四五”规划纲要。其中我们将进一步突出“将军故里，传奇红安”品牌，将“将军故里，传奇红安”作为响亮的旅游广告语，多途径、多渠道、多角度地开展对外宣传，提高旅游产品的知名度。通过这些举措助力经济发展。

2. 商铺组

（1）天台山景区福祥农家乐

问：请问政府有什么措施开发天台山红色文化资源吗？

答：一般都没有。

问：寺庙是政府建的吗？

答：不是，是一些老板出资，自己筹集的。

问：那政府招商引资吗？

答：有一些优惠政策，比如提供场地。

问：还有没有没开发的？

答：那可多了。开发力度不够，人家来玩的，高兴地来，败兴地走。红安要有自己的形象，红安人要有革命后代的品质，环境要弄好。

问：对政府当前开发工作的看法如何？

答：红安的政府没钱啊。有少数干部不作为，资金不足。资金都去觅儿开发区了，搞面子工程，红色文化开发力度低。红安的红色文化旅游没有搞起来，红安很值得开发的。

（2）李先念故居景区工作人员

问：请问这里明明有公交站台，为啥没公交呢？

答：交通局昨天来了，要开。

问：故居发展情况，您能大致给我们介绍一下吗？

答：2009 年开园，一年比一年好。游客量现在每年四五十万人次。

问：政府有啥措施呢？

答：红色旅游景区免费参观，宣传和修缮都是政府管，建停车场，和陈锡联将军故居联合开发旅游线路。

问：农家乐有几家？

答：都是当地人，三个农家乐。

问：对当地的经济发展有影响吗？

答：带动了经济，景区不赚钱，但是餐饮业、纪念品等行业能为当地人带来就业。

问：商家进来有什么要求吗？

答：村民付出了土地，（政府）不收税，不收租，没限制。

问：盈利怎么说？

答：依靠国家财政拨款，没盈利。

问：游客种类有哪些？

答：旅行团的多，来自全国各地。

（3）长胜街布店

问：请问您对这里的发展有没有什么看法呐？

答：发展不好，主要有两个原因，环境和当地政府。环境看着可以，但是不行。很多老板做一半就走了，做不下来。没有关系做不好，有关系容易点。古建筑保存也不行。商店要开当地特色的，不能开一样的。

问：经济效益如何？

答：肯定有，没有谁做啊。要开榨油店，但是机器太贵。

问：当地开店有补贴吗？

答：国家政策是有的，但是落不到实处。

问：希望政府做什么？

答：以红色文化带动红色旅游，再带动红色经济。宣传做得不错，红色记忆。

问：十分的话，您给政府打多少分？

答：整个县六分，长胜街八分。

3. 居民组

（1）影视城清洁工

问：请问您知道什么是红色文化吗？

答：不大懂，不过这里前一阵拍过一部电视剧。

问：《铁血红安》对吧，这应该算一种红色文化吧？

答：算吧。

问：您知道这个影视城是什么时候建的吗？

答：2013 年吧。

问：那您感觉在建好这个之后，来红安的人比以前多吗？

答：多，每年“五一”劳动节和“十一”国庆节都有很多人来。

问：游客来了有讲解的人员吗？

答：人多的时候有。

问：那您觉得来的游客对这里是满意还是不满意呢？

答：有的人满意，但也有人觉得这里没什么好看的。

问：那您觉得这里需要做一些什么改善呢？

答：多修一些餐馆吧，这里就一个。

问：我觉得这里挺小的，有没有可能票价更低一点呢？

答：以前是 60 元，后来改成了 30 元，这个影视城是深圳一个老板的，在这里售票的是红安人，但收的钱并不是属于红安的，是那个老板的。

问：这里就您一个打扫卫生吗？

答：拍《铁血红安》的时候，本来有四个人搞卫生，后来那个老板叫走了两个，就剩我和另外一个人，那个人是个残疾人，我和他做一样的工，我做得比他干净，但是得的钱一样多，每个月只有 550 元。

问：那其实政府在这一块没有太重视对吧？如果再加一点投资，应该能解决这些基本问题的。

答：对的，这里收的钱都到了深圳那个老板那里。

问：这个影视基地是那个老板投钱建设的吗？

答：不是，是红安建的，那个老板承包了五年。

问：那看来他没有管理好这个影视城，那剧组来这里拍戏付的钱去哪了？

答：去老板那里了，但是他没搞好，拍戏的都不愿意来。

问：没有人来就没有收入。

答：对，所以收游客的钱，就比如你们。

问：那这个影视城给红安本地带来的收入在哪一块呢？

答：这个我不知道。

问：就是除了像阿姨您这样在这里工作的人，其他居民其实没有太多实际的收入对吧？

答：对。

问：那你们本地人来这里要门票吗？

答：也要。

问：没有优惠吗？

答：没有，除非认识熟人在里面工作。

问：平时这里有没有什么活动呀？就比如那些相应的曲目节目之类的宣传活动。

答：没有，搞这些要钱呀，老板不给钱，谁搞节目。

问：那您觉得影响居民来这里玩的最大原因是什么呢？

答：这个三十块有点贵了，农村人哪里舍得花三十块来这里看这些。

问：那这就影响了红色文化的传播了呀。

答：对，钱收少点好点，五块就差不多了。

（2）本地居民

问：请问你们经常来这里玩吗？

答：我没来过，她经常来。

问：那您觉得影视城的建设对红安的经济有没有什么推动作用？

答：这里拍过《铁血红安》，对红安的宣传效果还挺好的。

问：那这个宣传有没有促进一些经济上的发展呢？

答：他这个主要是对红色文化的一些宣传，没有什么直观的利益吧。

问：那您有没有一些关于红安经济发展的想法呢？

答：想法呀，红安主要是红色文化吧，没必要像其他地方那样追求工业化，只要把环境搞好就可以了，然后就有人来玩，可持续发展嘛。

问：那你觉得这周围的配套设施怎么样呀，比如餐馆商铺之类的？

答：这里吃饭应该不太方便，还是要到外面去。

问：那您觉得红安的红色文化带动经济发展做得怎么样呢，十分满分，您打几分？

答：九分吧，毕竟我们是红安人，这几年的发展我们都看在眼里，比以前强多了。

问：那您觉得影响游客来这里玩的因素有哪些呢？

答：交通吧，虽然不是特别偏僻，但没有高铁，就不是很方便。

第三专题　红安县乡风文明建设调查研究

“乡风”作为一个表达乡村社会的风尚或者风气的概念，是村民的风俗习惯、道德观念、传统信仰、价值追求等方面的集合，是经过千百年生产劳作生活的沉淀，反映了乡村在社会历史变革和政治文化的熏陶下诞生的习性和村民的精神风貌。新中国成立以来，乡村在社会主义建设和发展的进程中，整体上形成了文明和谐、健康有序的好风气，为我国建设社会主义新农村，实现乡村振兴打下了良好的基础。但不可否认，部分封建文化在乡村社会根深蒂固，一些陈规陋习在乡村仍然存在。党的十九大提出了乡村振兴战略，强调要坚持农业农村优先发展。乡村振兴包含五个大的方面：产业兴旺、生态宜居、乡风文明、治理有效、生活富裕。实施农村全面振兴总体规划，文明乡风建设是强而有力的保证。

在乡村振兴的大战略中，作为中国第一将军县的湖北红安县，立足于自身特色，积极推进乡风文明建设，致力于美丽乡村建设，促进本地区的物质与精神层面协调发展。为了深入了解红安县乡风文明建设的成效和经验，本项目通过访谈法和问卷调查法，先后走访了多个村镇，对各村的村支书与镇政府相关负责人进行了访谈。在详细了解了各村镇的乡风文明建设的发展定位和具体实施战略之后，也对多个村镇进行了实地考察，向当地居民发放调查问卷并开展了进一步的细致访谈。在访谈和问卷数据分析的基础上，我们完成了本调查研究报告，以期对红安县乡风文明建设的进一步发展提供决策参考。

一、选题的背景和意义

（一）选题的背景

农业、农村、农民问题是关系国计民生的根本性问题。党的十九大报告指出：“中国特色社会主义进入新时代，我国社会主要矛盾已经转化为人民日益增长的美好生活需要和不平衡不充分的发展之间的矛盾。”这一矛盾在广大农村地区表现得更为明显和突出。习近平总书记在党的十九大报告中指出，要实施乡村振兴战略，这是基于中国特色社会主义进入新时代和社会主要矛盾转化作出的重大判断和战略安排。作为新时代决胜全面建成小康社会的重大战略之一，乡村振兴战略不仅是以习近平同志为核心的党中央对我国城乡关系深刻变化和农业农村发展现代化建设的深刻认识和重大部署，也是建设新时代中国特色社会主义的必然要求。深刻理解乡村振兴战略的内在逻辑体系，是做好统筹安排、突出实践重点、寻找实践突破的客观要求和必然选择。中共中央、国务院印发的《乡村振兴战略规划（2018—2022年）》也指出，乡村是具有自然、社会、经济特征的地域综合体，兼具生产、生活、生态、文化等多重功能，与城镇互促互进、共生共存，共同构成人类活动的主要空间。乡村兴则国家兴，乡村衰则国家衰。我国人民日益增长的美好生活需要和不平衡不充分的发展之间的矛盾在乡村最为突出，我国仍处于并将长期处于社会主义初级阶段的特征很大程度上表现在乡村。全面建成小康社会和全面建设社会主义现代化强国，最艰巨最繁重的任务在农村，最广泛最深厚的基础在农村，最大的潜力和后劲也在农村。实施乡村振兴战略，是解决新时代我国社会主要矛盾、实现“两个一百年”奋斗目标和中华民族伟大复兴中国梦的必然要求，具有重大现实意义和深远历史意义。产业兴旺、生态宜居、乡风文明、治理有效、生活富裕是实施乡村振兴战略的总体要求和推进乡村振兴的根本任务。在乡村全面振兴的五个维度的要求中，乡风和谐健康无疑是面对新时代中国特色社会主义主要矛盾的转变，人们关于文明发展的美好幸福生活需要和追求更多精神层次满足方面的表达。因此，在广大农村，要满足群众不断增长的文化需要和精神追求，提升人们的获得感和幸福感，就必须加强农村精神文明建设，提升农民精神风貌，倡导科学文明生活，不断提高乡村社会文明程度。

乡风文明是农村精神文明建设的重要内容，也是乡村振兴的重要标志。不论是从现代化建设的大局出发，还是从乡村振兴的战略入手，党和国家都高度重视，并把建设文明乡风以绝对重要的地位体现在国家整体部署规划之中。2019年9月，农业农村部、中央农办等联合发文，出台了《关于进一步推进移风易俗建设文明乡风的指导意见》，指出要以习近平新时代中国特色社会主义思想为指导，全面贯彻党的十九大和十九届历次全会精神，紧紧围绕统筹推进“五位一体”总体布局和协调推进“四个全面”战略布局，认真落实党中央、国务院决策部署，以实施乡村振兴战略为总抓手，以社会主义核心价值观为引领，加强农村思想道德建设，充分发挥农村基层党组织战斗堡垒作用和党员先锋模范作用，有效发挥村民自治重要作用，创新工作措施和方法，通过农民群众自我管理、自我约束、自我提高，推进移风易俗，不断改善农民精神风貌，提高乡村社会文明程度。同时提出，要争取通过 3 到 5 年的努力，使文明乡风管理机制和工作制度基本健全，农村陈规陋习蔓延势头得到有效遏制，婚事新办、丧事简办、孝亲敬老等社会风尚更加浓厚，农民人情支出负担明显减轻，乡村社会文明程度进一步提高，农民群众有实实在在的获得感。2018 年 3 月 8 日，习近平总书记在参加十三届全国人大一次会议山东代表团的审议时强调：“要推动乡村文化振兴，加强农村思想道德建设和公共文化建设，以社会主义核心价值观为引领，深入挖掘优秀传统农耕文化蕴含的思想观念、人文精神、道德规范，培育挖掘乡土文化人才，弘扬主旋律和社会正气，培育文明乡风、良好家风、淳朴民风，改善农民精神风貌，提高乡村社会文明程度，焕发乡村文明新气象。”

乡风文明是贯彻农村全面振兴规划的落脚点。乡风文明为振兴乡村提供智力支持和内在活力，是乡村全面振兴的根本。从根本上讲，乡风文明是思想道德文化的进步。一方面，乡风文明能够帮助村民接触先进科学知识和社会文化，潜移默化地提升村民的思想道德水平和综合素质；另一方面，乡风文明可以创建良好的乡村人文环境，营造和谐的社会氛围，使乡村文化建设健康发展。更重要的是，乡风文明可帮助村民改变单调陈旧的生活方式，从思想上改变落后的观念，帮助村民摆脱陈规陋习的束缚，追求精神富足，接纳认可文明现代的生活方式。乡风文明也是构建现代化乡村的坚强支柱。推动乡风文明建设，让村民加强自己当家做主的认同感和归属感，自发维护村规民约，积极参与乡村公共事业；乡风文明建设还可以推进依法办事和行政民主进程，全面落实国家基层政治民主建设要求，推动乡村治理现代化，从而顺应我国治理体系以及综合治理改革。同时，文明的乡风是村民的内在追求，更是他们的发展宏愿，创建乡风文明可进一步提高村民的精神追求，丰富村民的精神家园，提升群众综合素质，营造出健康积极的社会氛围，进而使村民生活得到全方位改善。

著名的革命老区和全国第一将军县红安县一直把新村建设作为乡村振兴的重要发展着力点。2015 年 8 月，红安县委宣传部、县文明办发文，大力支持红安县新村建设，要求充分发挥省级、市级文明单位在农村精神文明建设中的示范引领作用，服务“三城三区”建设，要按照“生产发展，生活富裕，乡风文明，村容整洁，管理民主”的新农村建设总体要求，实施“以城带乡，城乡共建”，通过开展社会主义核心价值观宣传教育、农村精神文明建设、农村精神文化生活活动、人居环境整治、经济发展帮扶等五个方面结对共建活动，达到城乡文明资源共享，实现城乡协调发展和共同繁荣，强调新村建设要从人民群众的精神风貌开始。由红安县文明办牵头实施“1515 工程”，贯彻落实中共中央办公厅、国务院办公厅《关于进一步加强新形势下农村精神文明建设工作的意见》，充分发挥省、市文明单位的示范引领作用，实现城乡共建联动。本项目以红安县为调研对象，一方面是因为红安县的新农村建设经验，另一方面是因为可以依托中国地质大学（武汉）思想政治教育实习实训基地。中国地质大学（武汉）思想政治教育实习实训基地位于红安县档案馆内，由中国地质大学（武汉）马克思主义学院与红安县县校办、红安县档案馆三方协议共建，是专门为中国地质大学（武汉）马克思主义学院师生提供调研实践、学术研究、实习实训等服务的稳定校外教学基地。本调查研究项目在红安进行，中国地质大学（武汉）思想政治教育实习实训基地能为本团队的深入调查提供包括食宿、访谈联系、实践证明等多方面的支持和帮助。

（二）研究意义

乡风文明既是乡村文化建设和精神文明建设的重要目标，也是乡村文化建设和乡村精神文明建设的主要内容。对红安县乡风文明建设的调查，具有如下意义。

第一，有助于乡风文明建设的顺利推进，整体提升乡村精神文明。乡风是一个地区家风民风的集中体现，也是反映政风社风的一面镜子。乡风的文明程度，直接影响中国乡村的精神面貌。把推进文明乡风建设作为地方各级党委和政府的一项重要任务，有效遏制陈规陋习，树立文明新风，不断提升农村精神文明建设水平，是乡村精神文明建设的长期任务。本项目以红安县的乡村为调查对象，对其在乡风文明建设中的实施情况进行调查研究，总结经验，分析不足，结合红安县的实际情况，给出相应的对策建议，不仅可以为红安县乡风文明建设提供决策参考，而且能够以点窥面，在一般意义上进行共性分析，为全国各地的乡风文明建设提供有益的思考。

第二，深入贯彻落实党的十九大和《中共中央 国务院关于实施乡村振兴战略的意见》精神，推进乡村全面振兴。实施乡村振兴战略应遵循“产业兴旺、生态宜居、乡风文明、治理有效、生活富裕”的总要求，其中乡风文明建设是实施乡村振兴战略的重要组成部分，是新时代中国特色社会主义新农村思想道德建设的灵魂和关键。乡村全面振兴是一项重大而持久的战略，离开了以乡风文明为主要内容的乡村文化振兴，乡村振兴就缺少了灵魂和精神，无法彰显发展的新观念、新气象和新风气，最终也会因缺少正确的方向引领而失去发展的持久动力和精神支撑。必须坚持以马克思主义为指导，培育和践行社会主义核心价值观，为乡村振兴提供强大的精神力量和正确的价值引领；要以红色家书家风的学习、道德模范和文明家庭的评选、婚嫁丧葬的移风易俗、乡规民约的制定等群众性活动的开展为手段，培育良好的家风、民风和乡风，为乡村振兴战略实施营造良好的社会风尚。同时，在推动乡村文明建设中，树新风，育新人，提升村民们的思想道德素质，激发他们参与乡村振兴的动力与活力，从而为乡村振兴战略实施培育更好的建设主体。

二、红安县乡风文明建设的总体状况

本项目以湖北省红安县为调查对象，主要采用实地考察、问卷、访谈等调查方法，调查研究红安县居民对乡风文明建设的认知、实施的实际效果以及乡风文明建设与红色文化的关系三个方面，了解红安县在乡风文明建设方面的总体状况、存在问题，并提出相应对策和建议。

（一）调查对象的基本情况

1. 访谈对象的基本情况

本次访谈对象共有 10 人，在地理分布上较为广泛，涵盖了乡镇基层政府领导、村委会负责人、村民。访谈旨在进一步了解红安县乡风文明建设的实际情况，以及受访者作为直接的感受者和参与者有什么不一样的体会和经历等。具体访谈对象的基本情况及访谈内容如表 3-1 所示。

表 3-1 访谈对象的基本情况

访谈对象	特点	访谈内容
红安县七里坪镇党委宣传部 红安县高桥镇镇文明办 红安县杏花乡党委宣传部 红安县城关镇镇文明办	了解乡镇乡风文明建设的基本情况	本镇（乡）乡风文明建设具体表现；近几年来本镇（乡）在乡风文明方面取得的成果与存在的问题；后期的重点工作任务
七里坪镇张家湾村 高桥镇占店村 高桥镇夏家湾村 杏花乡红星村	了解村里的实际情况	村里乡风文明建设的具体表现；遇到的较为棘手的事情具体表现在哪些方面；村民的参与度情况
张家湾村村民	作为直接的感受者和参与者，村民们的体会和经历各不相同	实际感受到和看到的村里的实际变化；参与其中的收获；村里乡风文明建设存在的问题
“荡腔锣鼓”非遗传承人	对“荡腔锣鼓”的传承以及意义十分熟悉	“荡腔锣鼓”如何在乡风文明建设中发挥作用；“荡腔锣鼓”的传承对于乡风文明建设的意义

2. 调查问卷对象的基本情况

本次发放问卷 250 份，回收有效问卷 234 份，有效回收率 94%，其中，男性 120 份，占 51.3%；女性 114 份，占 48.7%。受访者的受教育程度主要为高中（占 46.2%），初中文化水平占 22.6%，小学及以下文化水平占 27.4%。受访者的政治面貌以群众居多（占 68.4%），还有一部分受访者政治面貌为共青团员（占 25.6%）。受访者的职业涉及范围较广，涵盖社会的各行各业，主要是农民，占 43.6%，服务业人员占 25.2%，职业人员占 12%。总之，从此次调查对象的基本信息来看，调查对象分布广泛，涵盖了各个年龄段以及不同职业群体，男女比例较为均衡，样本数据基本与当地的情况相符合，使得样本具有一定的代表性，为数据的进一步分析提供了基础。具体分析如表 3-2 所示。

表 3-2　问卷调查对象的基本情况

基本信息	指标	人数	百分比（%）
性别	男	120	51.3
	女	114	48.7
文化程度	小学及以下	64	27.4
	初中	53	22.6
	高中（包括职高、中专、技校）	108	46.2
	大专	9	3.8
	本科	0	0
	研究生及以上	0	0
政治面貌	共青团员	60	25.6
	群众	160	68.4
	预备党员	0	0
	党员	14	6.0
职业	农民	102	43.6
	个体户（商户/微商）	25	10.7
	服务业人员（餐饮服务员/司机/售货员）	59	25.2
	职业人员（教师/医生/律师等）	28	12.0
	事业单位（公务员/政府工作人员）	8	3.4
	学生	0	0
	工人（工厂工人/建筑工人/城市环卫工人等）	7	3.0
	无业（失业/退休）	5	2.1

（二）红安县居民对乡风文明建设的认知和情感态度分析

1. 红安县居民对乡风文明建设的认知情况

乡村居民对乡风文明建设的知晓程度，可以直接影响乡风文明的建设效果。为了解红安县居民对本地区的乡风文明建设的了解程度，我们主要设计了如下 4 个问题。

问题 1：您了解您所在乡镇的乡风文明建设情况吗？

在对这一问题的回答（见表 3-3）中，有 45.7%的受访者表示对本地的乡风文明建设比较了解，有 15.8%的受访者表示一般了解，有 4.3%的受访者表示非常了解，有 34.2%的受访者表示不了解，占了受访人数的三分之一。由此可见，红安县居民对本地乡风文明建设的知晓度还有待加强。

表 3-3　乡风文明建设的了解程度

问题	您了解您所在乡镇的乡风文明建设情况吗？			
选项	非常了解	比较了解	一般了解	不了解
比率（%）	4.3	45.7	15.8	34.2

问题 2：您认为您所在村庄的乡风文明建设体现在哪些方面？（可多选）

对于这一问题的回答（见图 3-1），有 155 位受访者认为体现在村庄的“乡风民风评议”方面，有 147 位受访者认为体现在“基层文明建设”方面，有 153 位受访者认为体现在“先进文化建设”方面，有 127 位受访者认为体现在“居住环境改善”方面，有 119 位受访者认为体现在村庄“村规民约倡导”方面，有 115 位受访者认为体现在“志愿服务普及”方面，有 112 位受访者认为体现在“家风家训建设”方面，有 81 位受访者认为体现在“婚丧礼俗整治”方面。由调查数据可见，受访者对红安县乡风文明建设的具体措施有较好的知晓度，这表明红安县各村镇在扎实推进乡风文明建设中做了不少的具体工作，并且获得了群众的关注和认可。

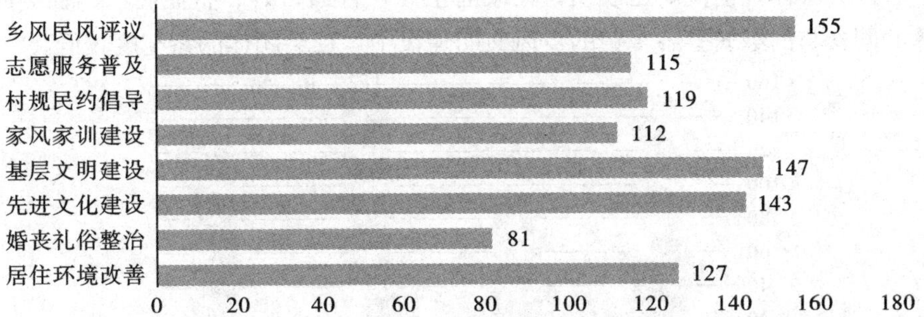

图 3-1　乡风文明建设的体现（多选）

问题 3：您认为您所在村庄的乡风文明建设的普及程度如何？

对于这一问题的回答（见表 3-4），有 20.1%的受访者表示“非常好，在当地众所周知”，有 41.4%的受访者表示“比较好，当地大多数人都知道”，有 17.1%的受访者表示“一般，影响范围有限”，有 12%的受访者表示“比较差，知道的人不多”，有 9.4%的受访者表示“非常差，没听说过”。从这组数据我们可以看出，有近一半的人认为红安县乡风文明建设的普及程度非常好，本地区居民都有所知晓，但也有二成以上的受访者表示普及程度比较差和非常差，知道的人不多甚至没听说过。通过进一步分析，我们发现，认为乡风文明建设普及程度较好的受访者大多都是政府和事业单位的工作人员；另外，共青团员、中共预备党员和中共党员也认为乡风文明建设普及程度较好。究其原因，可能是政府和事业单位的工作人员接触政府政策的机会较多，共青团员、预备党员和党员更加关心政府政策及本地区的发展规划，因而对本地区乡风文明建设的内容和具体情况要更加了解。

表 3-4　乡风文明建设普及程度

问题	您认为您所在村庄的乡风文明建设的普及程度如何？				
选项	非常好	比较好	一般	比较差	非常差
比率（%）	20.1	41.4	17.1	12	9.4

问题 4：您所知道的本地乡风文明建设参与者有哪些？（可多选）

对于这一问题的回答（见图 3-2），有 152 位受访者认为主要的参与者是“当地政府”，有 140 位受访者认为主要的参与者是“当地普通百姓”，有 120 位受访者认为主要的参与者是“当地企业商户”，有 82 位受访者认为主要的参与者是“当地社会团体”。从统计数据可以看出，绝大多数受访者都知晓，乡风文明建设的主体既包括政府，也包括普通百姓、企业商户、社会团体，但同时也表明，在政府主导，普通百姓、企业商户、社会团体共同参与的红安县各乡镇的乡风文明建设中，社会团体的参与度较低。

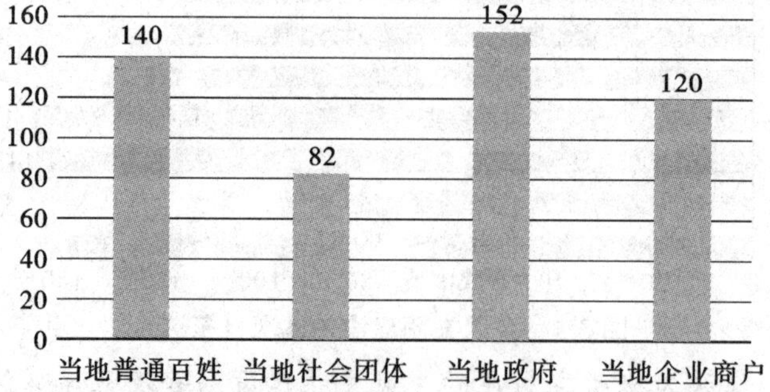

图 3-2　乡风文明建设参与者（多选）

2. 乡风文明建设的实际效果

为了解当地居民对于本地区乡风文明建设效果的整体评价，我们主要从居住环境、婚丧礼俗、基层文明、先进文化、村规民约、家风家训、志愿服务等七个方面设计了如下问题，调查数据及分析结果如下。

问题 5：您认为村民在垃圾丢弃方面是什么态度？

关于这一问题的回答（见图 3-3），有 41.9%的受访者表示“会将垃圾丢弃在垃圾集中处理点”，有19.7%的受访者表示“会将垃圾丢弃在路边垃圾堆”，有19.2%的受访者表示“会将垃圾随意丢弃”，有6.8%的受访者表示“会将垃圾直接焚烧”。由此可见，尽管大部分受访者在处理生活垃圾时具备了集中处理的意识，但也有不少受访者还是会随意丢弃或直接焚烧，缺乏环保意识。因此，在加强乡村居民的垃圾分类处理、维护好乡村美丽环境方面，红安县各乡镇还需进一步加强宣传和引导，让保护环境的意识深入到每一个村民心中。

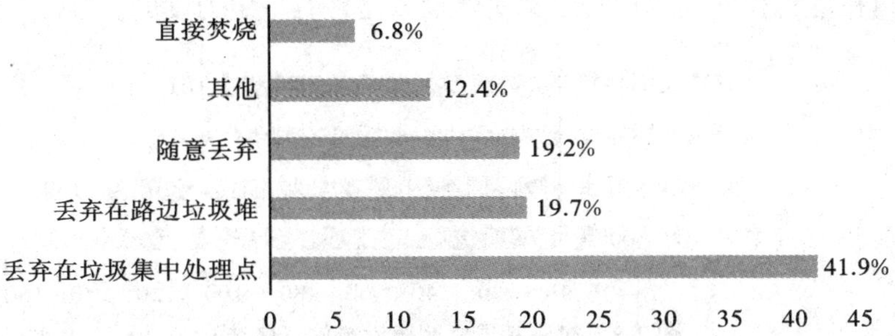

图 3-3 村民的垃圾处理方式

问题6：您认为村民们在婚嫁丧礼方面存在哪些问题？（可多选）

对于这一问题的回答（见图3-4），有175位受访者认为本地区“不存在婚丧嫁娶方面的陋习”，有84位受访者认为本地区在婚丧嫁娶时存在“噪声污染严重”的问题，有58位受访者认为本地区在婚丧嫁娶时存在“大操大办宴席”的问题，有91位受访者认为本地区在婚丧嫁娶时存在“大搞封建迷信”的问题，有71位受访者认为本地区在婚丧嫁娶时存在“收受高额礼金”的问题。通过以上数据，我们可以看出，尽管有不少受访者认为本地区在婚丧嫁娶方面还存在大操大办、封建迷信、收受高额礼金等陋习，但有超过一半的受访者认为本地区不存在婚丧嫁娶方面的陋习，这表明，红安县各乡镇对于婚丧嫁娶方面的改风易俗，还是有一定成效的。

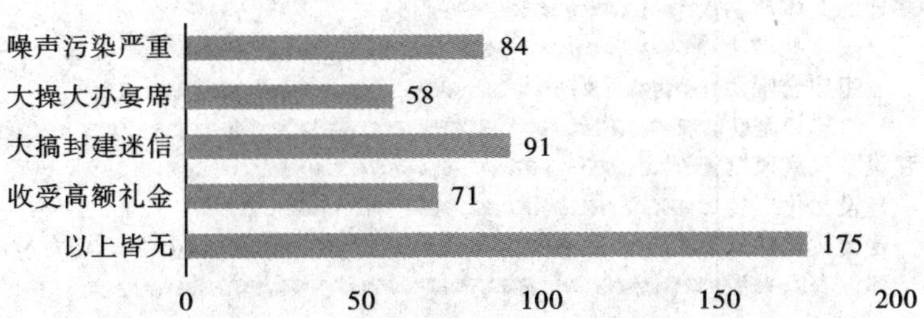

图 3-4 村民的婚嫁丧礼行为（多选）

问题 7：您认为你所在的村庄在基层文明建设方面可采取哪些措施？（多选）

对于这一问题的回答（见图 3-5），有 101 位受访者认为有“评选文明村镇”的活动，有 98 位受访者认为有“评选文明家庭”的活动，有 139 位受访者认为有“评选好人好事”的活动，有 159 位受访者认为有“运用宣传栏等平台宣传好人好事”的措施。由此可见，绝大多数受访者对于本地村庄的基层文明建设的措施是比较了解的，也在一定程度上反映了红安县各乡镇在落实和推进乡村基层文明建设方面是有一定力度的。

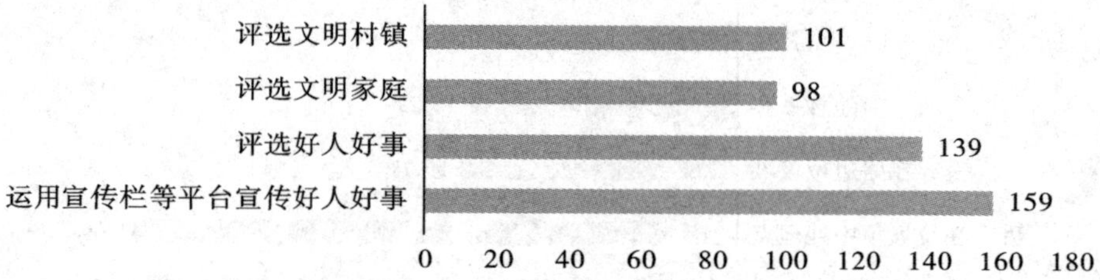

图 3-5 村庄基层文明建设措施（多选）

问题 8：您认为您所在的村庄在先进文化建设方面可采取哪些措施？（多选）

对于这个问题的回答（见图 3-6），有 122 位受访者认为村庄先进文化建设可以“建设农家书屋”，有 110 位受访者认为可以“建设文化礼堂”，有 120 位受访者支持“建设文化广场”，有 129 位受访者认为可以“建设乡风家风馆”，有 166 位受访者认为可以“组建舞蹈队”，有 129 位受访者认为可以“组建合唱团”，有 134 位受访者认为可以“开展文艺演出”。由此，我们可以看出，绝大多数受访者对村庄先进文化建设形式和手段的多样化是非常十分认同和支持的，无论是开展阅读活动修养身心还是参加文体活动强身健体，村民的认可度都是比较高的。

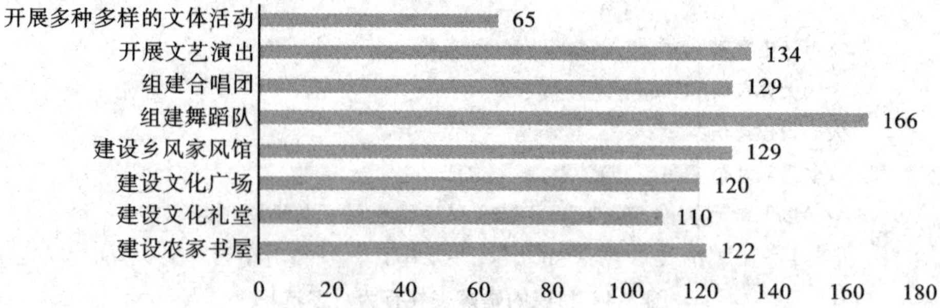

图 3-6 村庄先进文化建设方面的措施（多选）

问题9：您对村规民约的态度如何?

对于这个问题的回答（见图3-7），有31%的受访者表示“比较认同，会去遵守”，有29%的受访者表示“非常认同，会自觉去遵守”，有24%的受访者表示“比较不认同，会部分遵守”，只有少部分的受访者表示“非常不认同，不会去遵守”。由此可见，绝大多数的受访者都比较认同村规民约的制定，并愿意自觉去遵守。这在一定程度上表明，制定村规民约推进乡村文明建设，是一项比较符合民意的有效措施。

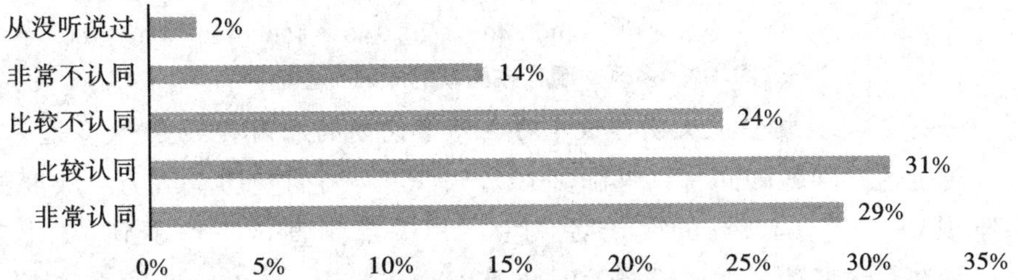

图3-7 对村规民约的态度

问题10：您对当前的乡风文明建设是否满意?

对于这一问题的回答（见图3-8），有29%的受访者表示“非常满意”，有35%的受访者表示“比较满意”，有25%的受访者表示满意度“一般”。由此可见，绝大多数受访者对当前本地区的乡风文明建设是比较满意的，同时也折射出本地区的乡风文明建设是有一定效果的。

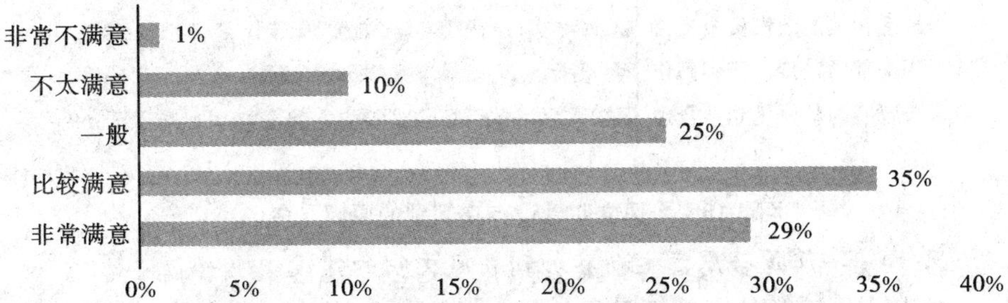

图3-8 对当前乡风文明建设的评价

问题11：您认为目前乡风文明建设还存在哪些问题?（多选）

对于这一问题的回答（见图3-9），有175位受访者认为“当地的现实情况复杂，建设难度大”，有161位受访者认为“政府的整体规划不合理”，有150位受访者认为“相关部门宣传工作不到位”，有147位受访者认为“百姓参与度低，建设脱离了人民群众”，有119位受访者认为“缺乏相关的政策资金支持"。由此可见，红安县各乡镇的乡风文明建设虽然取得了一定的成效，但也存在不少的问题，本地区的居民对相关部门的工作还有较高的期待，期盼政府有更多的实际举措和资金投入。

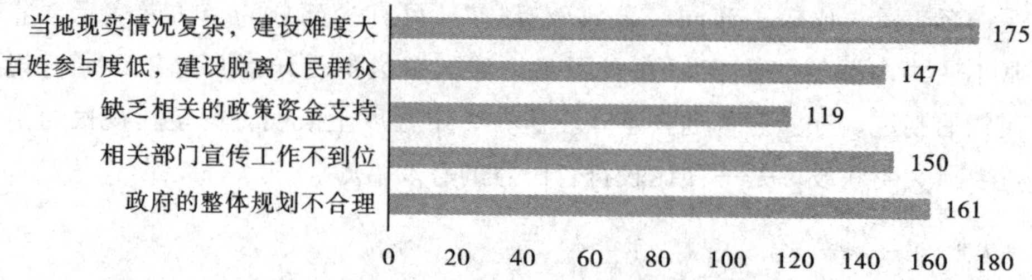

图 3-9　乡风文明存在问题的原因（多选）

问题 12：目前乡风文明建设中存在诸多问题的原因有哪些？（多选）

对于这一问题的回答（见图 3-10），有 69.4%的受访者认为"政府的整体规划"，有 64.7%的受访者认为"相关部门宣传工作不到位"，有 51.3%的受访者认为"缺乏相关的政策资金支持"，有 63.4%的受访者认为"百姓参与度低，建设过程中脱离人民群众"，有 75.4%的受访者认为"当地现实情况复杂，建设难度大"。由此可见，不少受访者选择了多个答案，并且每个选项都有超出一半以上的受访者选择，这也在一定程度上反映了红安县各乡镇在乡风文明建设方面所存在的一些共性的问题。

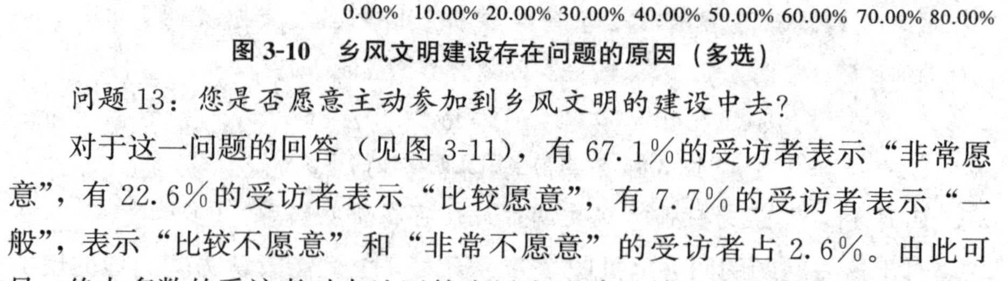

图 3-10　乡风文明建设存在问题的原因（多选）

问题 13：您是否愿意主动参加到乡风文明的建设中去？

对于这一问题的回答（见图 3-11），有 67.1%的受访者表示"非常愿意"，有 22.6%的受访者表示"比较愿意"，有 7.7%的受访者表示"一般"，表示"比较不愿意"和"非常不愿意"的受访者占 2.6%。由此可见，绝大多数的受访者对本地区的乡风文明建设持有积极的态度，对参与本地区的乡风文明建设有较高的热情。

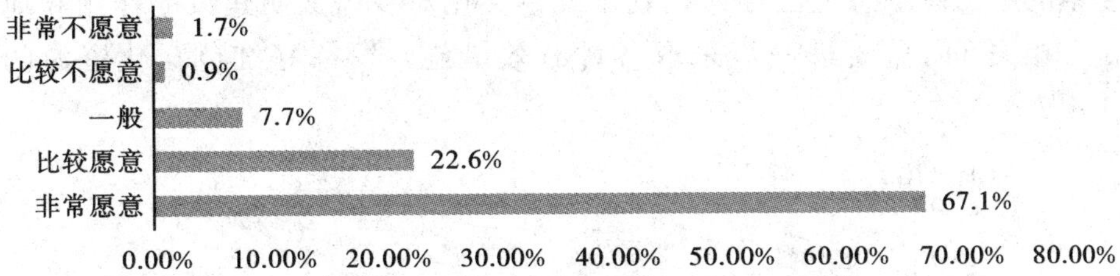

图 3-11 乡风文明建设的参与意愿

3. 红色文化对乡风文明建设的涵养情况

红安县是世界著名的将军县，是黄麻起义的策源地，是鄂豫皖根据地苏区的核心区域。这里有从 1923 年黄安建党到中华人民共和国成立，革命红旗二十多年不倒的光辉历程，从这里走出了中国工农红军第四方面军、第二十五军、第二十八军 3 支红军部队，拥有丰富的红色文化资源。红色文化作为中国共产党团结和领导全国各族人民在艰苦卓绝的新民主主义革命实践中创立的、体现了中国共产党把马克思主义与中国优秀传统文化相结合的先进文化，在涵养乡风文明建设方面有独特的价值和作用。为了解红安县红色文化对乡风文明建设的涵养情况，我们设计了 4 个问题。

问题 14：您认为当地的红色文化是否融入到乡风文明建设中？

对于这一问题的回答（见表 3-5），有 21％的受访者认为红色文化“完美融入”到了乡风文明的建设之中，有 36％的受访者认为有“较多融入”，有 43％的受访者认为“融入较少”，有 4％的受访者认为“没有融入”。由此可见，红安县各乡镇的乡风文明建设，对深入发掘、利用本地区优质的红色文化资源还没有引起足够的重视。

表 3-5 红色文化与乡风文明建设的融入程度

问题	您认为当地的红色文化是否融入到乡风文明建设中？			
选项	完美融入	较多融入	融入较少	没有融入
比率（%）	21	36	39	4

问题 15：您认为红色文化应该在红安县乡风文明建设中居于怎样的地位？

对于这一问题的认识（见图 3-12），有 44.0％的受访者认为红色文化是“乡风文明建设发展中的主要推手，占主导地位”，有 42.7％的受访者认为其是“乡风文明建过程中的重要组成部分”，有 10.7％的受访者认为其“可有可无”，有 2.6％的受访者认为“完全没有”。这说明，红安县各乡镇的居民在思想上已经认识到了红色文化对乡风文明建设的作用和地位，相关部门需要进一步采取各种有效措施，发挥好红色文化资源的作用。

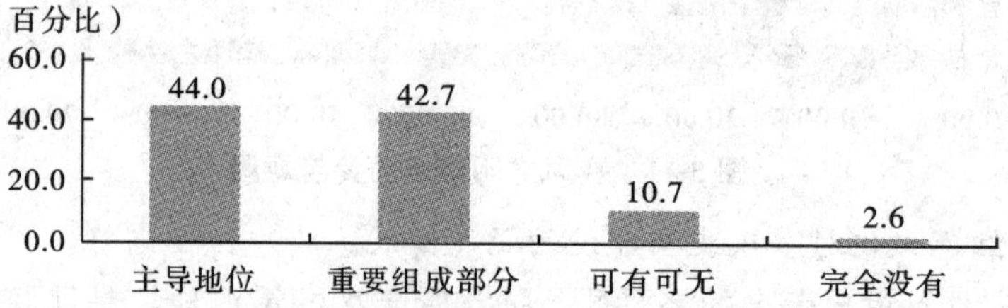

图 3-12　红色文化在乡风文明建设中的地位

问题 16：您认为使当地的文化融入乡风文明建设的措施有哪些？（可多选）

对于这一问题的回答（见图 3-13），有 25.6%的受访者表示有"发展红色旅游"，有 20.7%的受访者认为有"修建红色纪念馆"，有 12.9%的受访者认为有"修建红色文化广场"，12.7%的受访者认为有"弘扬红色革命精神"，有 11.1%的受访者认为有"宣传红色英雄人物事迹"，有 7.5%的受访者认为有"修建红色博物馆"，有 9.4%的受访者认为有"保护红色建筑"。由此可见，在将红色文化融入乡风文明建设的举措中，支持度较高的是发展红色旅游和修建革命纪念馆，接着是弘扬革命精神和宣传革命英雄人物的事迹。但令人遗憾的是，所有选项的比例都比较低，这再度证明，红安县在发掘和利用红色文化资源涵养乡风文明建设方面确实存在重视程度不够的问题。

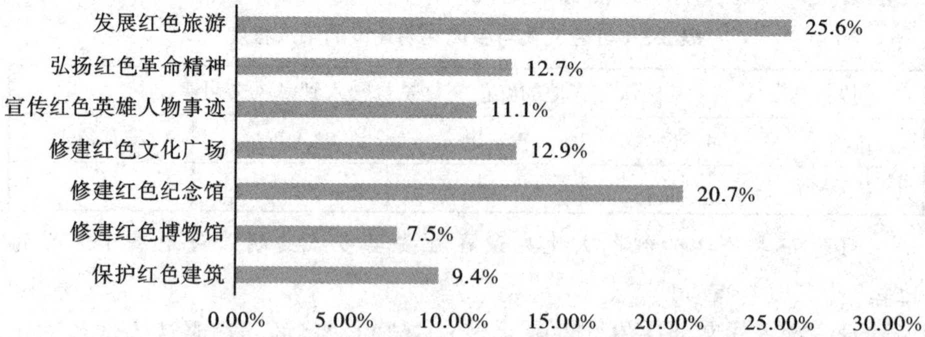

图 3-13　红色文化融入乡风文明建设的措施

问题 17：您认为在将当地的红色文化融入乡风文明建设的实践中有哪些不足？（可多选）

关于这一问题（见表3-6），我们所设计的答案有“红色建筑保护力度不够”“红色文化基础设施建设不完善”“红色精神的教育意义未充分发挥”“红色旅游资源开发力度不够”“开展红色文化活动较少”五个方面，有20.2%的受访者认为“红色建筑保护力度不够”，有23.3%的受访者认为“红色旅游资源开发力度不够”。所有的选项的占比相差都不大，且比例都在五分之一左右。由此可推断，村民们对红色文化融入乡风文明建设有一定的了解和认知，希望在乡风文明建设中融入更多红色文化资源。

表3-6　红色文化融入乡风文明建设中的不足

问题	选项	比率（%）
您认为当地的红色文化融入乡风文明建设中有哪些不足？（可多选）	红色建筑保护力度不够	20.2
	红色文化基础设施建设不完善	18.9
	红色精神的教育意义未充分发挥	19.5
	红色旅游资源开发力度不够	23.3
	开展红色文化活动较少	18.1

三、红安县乡风文明建设的主要成果和存在的问题

红安县从组织领导、创建活动、村容村貌、文化建设等多个方面对各乡镇的乡风文明建设进行了规范，通过各种举措积极推进乡风文明建设，并取得了一些成效。但不可否认，由于各种原因，红安县各乡镇的乡风文明建设还存在不少问题。

（一）主要成果

红安县各乡镇的文明新村建设，是红安县推进乡风文明建设的重要抓手。文明新村建设注重生态文明与生态宜居环境的打造，以充分发挥各乡镇的生态优势，将生态文明融合至村居环境中，维护村容村貌整洁，大大改善了村民生活居住环境，促进了全村文明和谐，提升了村民的生活幸福感。目前，红安县形成了一批文明新村示范村。比如，上新集镇余家岗村荣获“湖北省绿色示范乡村”称号，这一称号是该村继成为“湖北省宜居村庄”和“湖北省新农村建设示范村”后，再次荣获的省级表彰。太平桥镇平安栈村以仲家岗塆为试点，在县文明办的具体指导和县财政局携手联合有关部门的支持下，该村共筹资40多万元，先后建起了篮球场、百姓大舞台、文体广场、休闲长廊和孝德文化宣传阵地等文体活动区域。让健康

有益的文体活动占领农村文化阵地，逐步取代打牌赌博、婚礼葬礼大操大办等不良陋习。同时制订村规民约、成立红白理事会、弘扬传统美德、推进“十星级文明户”评选挂牌，推出“模范家庭”“道德之星”和“好婆婆”“好媳妇”先进典型，将系列举措编成快板或顺口溜在全村推广。

第一，各村镇精神文明建设得到积极推进。红安县各个村镇都在文明村镇创建方面加强了组织领导，明确了党政领导班子的精神文明建设的责任分工，并成立了精神文明建设领导小组，每年召开两次专门会议研究与讨论精神文明建设，年初有工作计划，年末有工作总结。经常开展形式多样的活动，如评选“星级文明户”，开展文明生态村、文明信用村和文明小康村等多种形式的精神文明创建活动，开展农村志愿服务活动，并且开展移风易俗活动，订立乡规民约，发挥村民自治组织作用。经常开展民主评议，清理封建迷信和“黄赌毒”活动。在村容村貌的整治方面，制定并实施镇、乡和村庄规划，合理布局，推进道路硬化、村庄绿化、庭院美化、街道亮化工作，开展环境综合整治和群众卫生运动，保护生态环境和自然环境。各个乡镇根据自身实际情况，具体的措施也会有所不同。比如，城关镇在推进示范村建设中，提倡示范村实现“八好”，即班子建设好、经济发展好、道德风尚好、社会事业好、文化生活好、环境面貌好、社会治安好、文明创建好，建立红白理事会、村民议事会，修改制定乡规民约，设有道德讲堂，开展乡贤文人评选、文明家庭评选、道德模范评选等活动。

另外，红安县各村镇还积极倡导开展“十星级文明户”评选活动，开设道德讲堂。利用广播、宣传栏，大力宣传“十星级文明户”创建评比的目的与意义、标准要求、评比方法、奖励措施，发动群众积极参加创建活动，努力形成“星”的广泛认识和争“星”的浓厚氛围。最为重要的是将“十星级文明户”创评活动的内容标准发放到各家各户，使群众对创建内容标准的知晓率达到100%。“十星级文明户”创建内容包括爱党爱国之星、勤奋致富之星、诚实守信之星、团结友善之星、孝老敬贤之星、遵规守法之星、生态建设之星、环境卫生之星、科教文体之星。各村镇通过开设道德讲堂并定期组织村民参加，提高村民的道德认识。道德讲堂的基本流程是“听一首歌曲，看一部短片，诵一段经典，讲一个故事，做一番点评，送一份吉祥”，在这一流程中积极弘扬中国传统优秀文化、优秀革命道德及时代精神典型事例。

在文化发展方面，红安县各乡镇大力推进“七个一”建设。“七个一”指的是一个文化广场、一个文化活动室、一个简易戏台、一个宣传文化阵地（村部有文化长廊，每个自然湾有文化墙和文化宣传栏）、一套文化器材、一套广播器材、一套体育设施器材（篮球场、乒乓球台、健身器材）。红安县每个村落都有一个文化广场，也称“百姓大舞台”。通过建立乡镇综合文化站，大力培养群众文艺队伍，引导村民们去从事更有意义的、更健康的文化活动和体育运动。在一系列的文化惠民工程实施中，许多村民改变了以往农闲时打麻将的习惯，更多地出现在农家书屋、篮球场、乒乓球台等地方。每个村里基本都会组织一支舞蹈队，村民们自觉参加、统一排练，经常前往县里参加比赛。比如，张家湾村就多次获得红安县广场舞比赛一等奖。

图 3-14　百姓大舞台

图 3-15　占点村舞蹈队

红安县各乡镇也积极运用各种形式大力推进社会主义先进文化的宣传教育。在每个村镇，都开展了关于习近平新时代中国特色社会主义思想的宣讲，都宣传了社会主义核心价值观。在对多个村镇的走访过程中，我们发现，每个村镇都把 24 字的社会主义核心价值观绘在墙上，以图文并茂的形式，使核心价值观变得直观、生动，村民在欣赏唯美的中国元素的图画、提升审美情趣的同时，也加深了对社会主义核心价值观的理解。

第二，各乡镇的居住环境得到一定的改善。居住环境的改善映射出人们思想素质的提高和行为习惯水准的提高，也是精神文明建设的重要一环。红安县出台了一系列的整治方案，鼓励各村镇积极参加卫生村镇的评选。各村镇也根据整治方案和自身的实际，提出了一系列的工作方案来治理环境问题。乡镇的卫生环境整治的工作坚持村级主导、全民参与的原则，积极探索市场化运作模式，建立村级主导、干部齐抓共管、全体公民广泛参与的工作机制。要求各家各户门前院内保持清洁，不堆材草，农具

图 3-16 文化宣传墙

摆放有序；清除暴露垃圾，清理卫生死角，清除废弃堆砌物、禽畜圈养；禁止在公共场所乱吐乱扔、乱倒垃圾、污水和渣土；不准挤街占道、私搭乱建。随着环境治理的积极推进，各乡镇居民的居住环境和卫生条件都得到了较大的改善。比如，杏花乡的每个自然湾都设有专门的人员负责本湾里的卫生，定期组织村民打扫卫生，并且统一依据居民数量发放垃圾桶，引导村民集中处理垃圾，并请专业的垃圾处理公司以一周为周期把垃圾运走处理。这样，杏花村的村容村貌得到了极大的改善。

第三，婚丧礼俗中的陋习得到整治。相对城市，农村地区更加重视婚丧嫁娶的繁杂礼俗仪式，其中不乏大操大办宴席、收受高额礼金、食物浪费严重和大搞封建迷信等陋习。针对这些行为，红安县在各乡镇成立了红白理事会。红白理事会是村党支部领导下的群众自治组织，其宗旨是教育群众在婚丧嫁娶中移风易俗、破除陋习，反对大操大办、铺张浪费，倡导喜事新办、婚事从简的婚嫁理念，倡导丧事简办、厚养薄葬的丧葬习俗。红白理事会的成员由群众推荐选举产生，共设理事 9 名，其中会长 1 名，副会长 1 名，成员 7 名，建立红白理事会包村小组制度，每名理事包干 1—2 个村民小组，及时掌握所包干小组村民的红白事信息，做出相应的安排。理事会成员一般推选德高望重、甘于奉献、组织协调能力强、在村内有影响力并热心此项工作的党员和群众担任。红白理事会在积极倡导婚事新办、丧事简办，提倡文明、健康、科学的生活方式以破除婚丧嫁娶中的铺张浪费、愚昧落后等陋习方面发挥了重要的作用。比如，张家湾村在摒弃陋习、移风易俗、共同营造“文明、健康、安全、节约”的良好社会风气方面，强调从自身做起、从点滴做起，发布“简办红白喜事、促进移风易俗”的倡议书，号召党员干部移风易俗，率先垂范，动员朋友、同事、亲属，争做移风易俗楷模；积极引导群众节约办事、绿色生活，乔迁、升学、参军、满月、过寿等事宜尽量不办或少办，倡导用发短信、送鲜花、植纪念树等文明方式表达祝福，营造简朴纯洁的社会风气；要求婚事新办，缩小宴会范围、缩短宴会天数，不因虚荣攀比而大操大办，不索要彩礼和贵重物品，不在巷道搭建彩虹门堵塞交通，不举办低俗演出，不闹淫秽低俗的婚房游戏，不随意乱放鞭炮，不扰民、不污染环境等；要求丧事简办，酒席少办，不造成巨大的噪音以免影响其他村民的正常生产活动，真正崇尚尊老爱幼的传统美德。对于上述倡议的行为，如果村民不遵守怎么办？张家湾村的村支书张元松说：“村里的人际关系交往比较简单，如果一个人拒不遵守，其他的村民就会在情感上孤立他，这种情形在村里，可能是最为严重的社交危机了。”

第四，村规民约的制定。村规民约是村民日常生活和行动的指南，能有效帮助村民提升思想水平和行为水准，推进移风易俗和精神文明建设。红安县各村镇在积极推进乡风文明建设的过程中，将村规民约的具体内容以展板的形式展示在村里的活动中心，促使村民潜移默化地加深对村规民约的理解。村规民约对社会治安、村风民俗、邻里关系、婚姻家庭、环境卫生等方面做出了详细的规定。在社会治安方面，鼓励村民之间团结友爱、和睦相处、不打架斗殴、不酗酒闹事，严禁侮辱、诽谤他人，严禁造谣惑众、搬弄是非，共同维护安定团结的大好局面；严禁偷盗、哄抢国家、集体、个人财物，严禁赌博，严禁替罪犯藏匿赃物，严禁乱砍伐树木，保护树木。在村风民俗方面，大力倡导社会主义精神文明建设，移风易俗，崇尚科学，反对封建迷信、邪教组织及其他不文明行为；对婚丧礼俗整治也提出了具体的要求，这里不再赘述。在邻里关系方面，要求村民之间相互尊重、相互帮助，倘若发生纠纷不能自行调节，一般依靠组织解决。在婚姻家庭方面，倡导婚姻自由、男女平等、一夫一妻、尊老爱幼，反对包办婚姻，反对借婚姻索取财物。在环境卫生方面，要求每家每户都自觉地参与村里卫生建设，既要保持自家卫生，又要维护村里卫生。村规民约的制定大大规范了村民的行为习惯和方式，为乡风文明建设提供了制度依据和制度制约，有力促进了群众文明素质的提升以及和睦家风、和谐民风的建设。

第五，志愿服务的推进。红安县大力推进志愿者服务活动。每个村基本都有志愿者定期开展志愿者服务，前往养老院慰问孤寡老人，为他们送去油、面、衣服等生活用品。每个村都成立了妇女联合委员会，除了妇女主任由村干部担任，其他的组织成员都是自愿加入，为维护妇女权益、保护妇女安全、丰富妇女生活等方面做出了重要贡献。另外，村里还建立了调解委员会。调解委员会的成员一般都由德高望重或有威信力的老人担任，其主要职责是调节邻里矛盾、家庭矛盾，促进乡村和谐发展。在访谈中，高桥镇占点村的村支书夏和平同志在谈到调解委员会时说道：“村里的有些纠纷，其实本身不是个多么严重的问题，只是发生纠纷的双方在沟通上存在较大的差异，最后导致矛盾激化。有了调解委员会后，就可以在发生纠纷的双方之间进行协调，从而化解矛盾，产生更好的效果。”

综上所述，红安文明新村建设取得了令人欣喜的成绩，实现了文化生活常态化，人居环境和村民生活品质受到了重视，文明健康的文化体育活动日益丰富，互帮互助的志愿服务已经成为常态，在弘扬中华民族传统美德中倡导和谐美满的文明新风已为人们所接受并日益成为人们的习惯。

（二）存在的问题

乡风文明建设日益受到重视，发展的总趋势是良好的，但不可否认的是，乡风文明建设仍存在同质化的现象，重物质文明建设、轻精神文明建设的现象还一定程度地存在。具体来说，红安县各村镇在乡风文明建设方面还存在以下亟待解决的问题。

第一，宣传力度不够。尽管红安县各村镇在文明乡村的建设中，通过文化宣传墙、乡规民约、道德讲堂、文化礼堂等多种形式，引导村民们培育和践行社会主义核心价值观，倡导和谐家风、良好乡风、淳朴民风，树立积极向上的社会新风尚，但是，由于红安县地处革命老区，是一个典型的相对比较贫困的地区，经济发展相对落后，绝大多数年轻人为了生计都外出打工，村里留守的常住人口以老人和儿童为主，这在一定程度上导致了孝道的缺失以及尊老爱幼传统的日渐式微。而且，老年人大都受教育程度较低，思想观念比较保守，习惯于村里长期流传下来的风俗和生活方式，在接受新文化、新思想、新观念的影响方面，节奏比较慢。想要直接向老人们传达国家的一些政策是比较困难的，很难用现代思维让他们理解一部分政策，在有关婚丧嫁娶礼俗、封建迷信等方面还存在一些问题。

第二，基础文化设施需要进一步完善。政府在乡村硬件设施建设、民生保障等方面投入较多，道路硬化、垃圾集中回收处理、危房改造、户户通自来水等工作上取得的进展确实提高了农村村民的经济发展水平和生活水平。但在实地调查中，我们发现不少文化硬件设施存在一定程度的毁坏。比如，有些运动器材已经生锈甚至损坏，影响村民的生命安全。运动器材的种类比较单一，数量也比较少，一般摆放在村委会门口，居住地较远的村民，基本难以使用，从而限制了体育运动器材的使用效率。虽然各村都设有农家书屋，但书屋中的图书非常有限，有的村的农家书屋只有“屋”而无“书”。拥有图书的书屋，书籍也一般比较陈旧，出版年份大都在2000年—2005年，书籍更新速度较慢，甚至个别书籍上已布满了灰层。有些写有宣传标语的墙皮因天气原因有所脱落，标语想传达的意思因此变得不太准确。

第三，精神文明创建活动较为滞后。大多数乡风文明宣传停留于广播、户外宣传栏的口号上，未真正落到实处，务虚与务实比例不对称。在已经开展的活动中也是政出多门，缺少整合。一些好人好事、道德模范等评比活动中，主办部门比较多，比如，团委负责“好婆婆”“好媳妇”的评选，文明办负责评选“十星级文明户”的评选，其他部门负责“道德模范”的评选。这些活动都各自开展，没有统一整合，一年中的评选活动数量较多，村民们对到底参加哪个活动也是充满疑惑。评选标准也没有区别，基本上除特殊情况外，每家每户都满足标准，但是获奖的名额有限，给谁评“十星级文明户”、给谁评“九星级文明户”是个难题，标准的界限太过宽泛，没有辨别度。

第四，丰富的文化资源融进乡风文明建设的力度不够。乡风文明建设决不是空中楼阁，而是有着深厚文化积淀的。在调研中我们发现，红安丰厚的地方文化资源在乡风文明建设中融入得并不好，一些传统文化几乎面临后继无人的局面。比如，湖北省非物质文化遗产“荡腔锣鼓”。“荡腔锣鼓”的乐器有“三吹七打”10种，其中“三吹”是指一只长号和两只唢呐，“七打”是指锣、钹、鼓、马锣、车官（小钹）、小锣、铛锣，表演时吹、打、唱俱全。“荡腔锣鼓”的传承人张邵国老先生告诉我们，一般村里举行婚丧嫁娶时，他都会带着队伍去表演，歌曲的内容丰富，有中国传统文化故事，也有红安特色的红色故事。但张邵国老先生已经八十八岁高龄，目前还没有找到“荡腔锣鼓”的传承人，他只能将这些曲写成书，留下文字资料以供后人学习，以免文化中断，整个传承过程可谓举步维艰。

四、进一步加强乡风文明建设的对策与建议

针对红安县乡风文明建设存在的问题以及乡村振兴对于乡风文明建设提出的目标和要求，我们提出如下进一步加强和完善乡风文明建设的对策及建议。

（一）加大对村民的宣传教育力度

村民对乡风文明建设的参与度不够，主要在于对乡风文明的理解与认知不够充分，大家在村里都“自扫门前雪”，对村里组织的活动参与度不高。对于老人来说，村干部应该用通俗易懂的语言为他们讲解乡风文明建设的内涵与意义，加深他们对当前国家政策的理解，使其在思想上认识到乡风文明建设的重要性，同时在有能力的情况下，在行动上支持村里的文明建设活动。对于中年人而言，村干部应该积极鼓励他们主动参加并带领家庭成员参加各项活动。在村里应加大宣传力度，充分利用宣传栏和宣传画，影响人们的思想和行为。

第一，要加强舆论引导。各级各类新闻媒体要广泛深入报道婚事新办、丧事简办、孝亲敬老的事迹，积极引导村民树立正确婚丧观和弘扬中华孝道。充分利用县乡电视广播系统、乡镇政务场所、农村集市、村务公开栏、村大喇叭、村文化墙等直接面向农民群众的宣传阵地，用身边事教育身边人。有针对性地开展舆论监督，坚决抵制婚丧陋习、天价彩礼、孝道式微和老无所养等不良社会风气。

第二，要加强典型示范。要切实把村级“文化礼堂”“道德讲堂”“红色讲堂”等活动打造成为乡风文明建设的有效阵地，建设成为广大农村居民群众的“文化殿堂，精神家园”。要发挥“关键少数”引领农村文明风尚的作用形成示范效应，要注重发挥农村党员的先锋模范效应，将优秀农村居民吸收到党员队伍中来，不断培养壮大农村党员队伍，党员干部要带头践行社会主义核心价值观，更要树立和宣传先进典型，发挥他们的示范引领作用，以形成良好的村风，从而实现“乡风文明”。在进行“道德模范”“好婆婆”“好媳妇”“十星级文明户”评选时，要加强不同部门之间的协调与合作，不做重复的评选。对于每个评选活动，标准要有区别度，

要能选出真正具有代表性的、能起到实际的模范和标杆作用的家庭和个人。

第三，要把宣教内容融进农村居民日常生活，积极发动农村文艺爱好者创作反映社会主义核心价值观的文化作品，在农村大力营造尊重知识、尊重文化的浓厚氛围，为乡风文明建设提供有力的文化基因。要重视开发乡风文明建设新媒体平台。针对农村年轻人在外较多的情况，对宣教对象进行分类施策，在组建QQ群、微信群的基础上，由省或市一级统一开发乡风文明建设APP软件，用于统一发布相关文件、文章以及各类知识，使之成为广大农村居民尤其是农村年轻人获取宣教内容的新平台。

（二）充分发挥各主体在乡风文明建设中的作用

人是乡村振兴的主体，也是乡风文明建设和享有成果的主体。在乡风文明建设中，既要发挥农村基层党组织的引领作用，也要发挥各类社会团体和农民的主体作用。

第一，要充分发挥农村基层党组织的引领作用。“党的力量来自组织，组织能使力量倍增。”乡村振兴首先要建立一个强有力的党支部。农村基层党组织建设得如何，以及作用发挥得如何，不但是农村脱贫攻坚的关键，也是开展乡风文明建设的重要保证。“老百姓出了问题要从党员干部身上找原因；党员干部出了问题要从村两委身上找原因；村两委出了问题要从党支部书记身上找原因。”“送钱送物，不如送一个好支部。”可见，农村基层党组织对于乡村振兴的重要性。红安县各乡镇要强化党委的领导责任。县委要把农村移风易俗摆上重要位置，在全面从严治党、乡村振兴、脱贫攻坚中大力推进移风易俗，深入研究当地婚丧陋习、孝道式微等问题的形成原因，建立管用有效的工作机制，制定有针对性的政策措施，统筹调动各方力量，推动农村婚丧、孝道风气实现好转。乡镇党委和村党组织要充分发挥政治功能和组织优势，把推动革除婚丧陋习、抵制天价彩礼、解决孝道式微等问题列为重要工作内容，加强组织推动，深入教育宣传和发动群众，扎实做好落实工作。尤其要着力解决好农村基层党组织人员的老龄化、弱化问题，不断吸收优秀乡村青年入党，激发基层党组织的活力；要确保选配到素质高、有能力、责任心强的支部书记和委员，发挥好党支部的“火车头”作用；要充分发挥村党支部的组织优势、组织功能和组织力量，把广大基层党员和群众的思想、行动、力量和智慧凝聚起来，齐心聚力投身于乡村振兴。

第二，红安县各乡村要把道德教育作为新时代文明实践中心的重要工作，调动各方，统筹推进、引导农民爱党爱国爱社会主义、向上向善、孝老爱亲、重义守信、勤俭持家；要加强建设道德宣讲团等道德文化阵地，强化主体责任，加强青年婚育观教育，让良好道德观贯穿始终，让中华孝道成为公民特质。充分发挥农村老党员、老干部和各类人才作用，用嘉言懿行垂范乡里、影响群众。要加大资金的支持，为村里的舞蹈队、志愿者活动提供适当的器材和物品。每个村里的舞蹈队在解决场地问题之后还需要喇叭、服装、培训老师，为他们提供这些物质支持，可以使他们更加放心地参加文体活动，没有后顾之忧。为志愿者提供一定的资金支持，减轻他们的经济负担，在一定程度上也能促进和鼓励更多的人参与志愿者活动。

第三，充分发挥农村居民在新时代移风易俗行动中的主体作用。乡村常常给人思想保守、经济落后、习俗繁缛的印象，打破刻板印象是实施乡村振兴战略和培育乡风文明必须破解的难题。革新是重塑乡风文明的内生动力。《乡村振兴战略规划（2018—2022 年）》提出要"全面推行移风易俗，整治农村婚丧大操大办、高额彩礼、铺张浪费、厚葬薄养等不良习俗。破除丧葬陋习，树立殡葬新风，推广与保护耕地相适应、与现代文明相协调的殡葬习俗。加强村规民约建设，强化党组织领导和把关，实现村规民约行政村全覆盖"。《中共中央 国务院关于实施乡村振兴战略的意见》也强调要"遏制大操大办、厚葬薄养、人情攀比等陈规陋习。加强宣传教育，丰富农民群众精神文化生活，抵制封建迷信活动。深化农村殡葬改革"。农村居民是乡村的主要居住者和乡村发展的亲历者，最了解乡村的历史、发展现状、乡村发展最需要什么和农村居民最盼望什么，乡风文明建设离不开农村居民全过程的共同参与和支持。要找到农民提升自身素质的内生力量，使农民发挥主观能动性，使农民参与建设乡风文明，并在其中提高自己的思想道德素质，从而推动乡风文明建设，促进乡村全面振兴。红安县各乡村要从本地的历史、文化、传统、风尚出发，通过发动农村居民广泛参与制定农村居民普遍认可的乡规民约，并受之约束，使其潜移默化地受到教育，达到"润物细无声"的效果，从而形成良好的文明乡风。要充分发挥农村居民在健全自治、法治、德治相结合的乡村治理体系中的作用，使他们真正成为这"三治"的主体，切实担负起乡村治理的实际责任，推动乡村振兴中的"治理有效"目标的实现，达到乡村善治的目标。

（三）充分挖掘地方优质文化资源

文化是一个国家、一个民族的血脉，也是一个乡村的历史积淀、共同记忆和精神标识。乡风文明建设离不开对本地的优秀文化传统的挖掘、传承和创新。

第一，充分挖掘丰厚的优秀传统文化资源。习近平总书记在中共中央政治局第十三次集体学习时指出："博大精深的中华优秀传统文化是我们在世界文化激荡中站稳脚跟的根基。中华文化源远流长，积淀着中华民族最深层的精神追求，代表着中华民族独特的精神标识，为中华民族生生不息、发展壮大提供了丰厚滋养。"《中共中央 国务院关于实施乡村振兴战略的意见》指出，要"立足乡村文明，吸取城市文明及外来文化优秀成果，在保护传承的基础上，创造性转化、创新性发展，不断赋予时代内涵、丰富表现形式。切实保护好优秀农耕文化遗产，推动优秀农耕文化遗产合理适度利用。深入挖掘农耕文化蕴含的优秀思想观念、人文精神、道德规范，充分发挥其在凝聚人心、教化群众、淳化民风中的重要作用。划定乡村建设的历史文化保护线，保护好文物古迹、传统村落、民族村寨、传统建筑、农业遗迹、灌溉工程遗产。支持农村地区优秀戏曲曲艺、少数民族文化、民间文化等传承发展"。红安县有丰厚的优秀传统文化资源，这里有老子曾在此修炼的道教圣地天台山，有见证苏轼和陈季常友谊的桃花塔，是程颐、程颢的故乡，是明代李贽和耿定向、耿定理长达十年、影响深远的学术争论之地。这里还有历史悠远的铜锣文化、戏曲、传统手工艺等。要充分挖掘这些优质传统文化资源，在思想道德内容中融入这些文化元素，在农村家风、族规、村史等方面挖掘闪光点，通过结合地方戏曲、知名艺术作品等形式，使之更加通俗易懂、接地气，便于村民接受，从而推进乡风文明建设。

第二，充分挖掘丰厚的革命文化资源。革命文化是中国共产党领导中国人民在伟大斗争中构建的文化，它以马克思主义为指导，以"革命"为精神内核和价值取向，继承了中华优秀传统文化，借鉴了世界优秀文明成果，是具有鲜明中国特色的先进文化。它是革命实践的伟大创造，承载了党和人民对国家独立、民族解放、人民幸福的时代诉求和革命行动，体现了共产党人的生命与信仰、智慧与毅力、行为与信念、思想与力量，反映了中国人民在长期的革命实践和斗争中形成的伟大精神，突出表现为坚定的革命理想信念、为党为民甘愿牺牲的奉献精神。红安县是世界闻名的将军县，是因为对革命贡献重大而两次被党和政府以“红”命名的县，是大别山精神的重要发源地，拥有时空分布广泛、类型多样的红色文化资源。要深入挖掘、保护和利用这些革命文化资源，并融入乡风文明建设中。要用好革命纪念馆、革命博物馆和红色文化广场，大力宣传红色英雄人物事迹，弘扬大别山精神、发展红色旅游。加强有关大别山精神的宣传和教育，开展形式多样的红色文化活动。

第三，丰富乡村文化生活。要进一步推动城乡公共文化服务体系融合发展，增加优秀乡村文化产品和服务供给，活跃繁荣农村文化市场，为广大农民提供高质量的精神营养。要进一步完善各村的图书馆建设，加强基层综合性文化服务中心建设，实现乡村两级公共文化服务全覆盖，提升服务效能。要进一步完善和推进数字广播电视户户通，探索农村电影放映的新方法、新模式，推进农家书屋延伸服务和提质增效。要进一步推动村健身设施全覆盖，建立农民群众文化需求反馈机制，推动政府向社会购买公共文化服务，开展“菜单式”“订单式”服务，形成具有鲜明特色和社会影响力的农村公共文化服务项目。要进一步加强各村科普工作，推动全民阅读进家庭、进农村，提高农民科学文化素养。进一步完善群众文艺扶持机制，培育挖掘乡土文化本土人才，支持乡村文化能人，培养一支懂文艺、爱农村、爱农民、专兼职相结合的农村文化工作队伍，广泛开展形式多样的农民群众性体育活动、节日民俗活动，支持文化志愿者深入农村开展丰富多彩的文化志愿服务活动。

参考资料：

1. 赵延阳，张颖，李怡欣. 乡村振兴背景下的乡风文明建设——基于全国村级“乡风文明建设”典型案例分析［J］. 西北农林科技大学学报（社会科学版），2021，21（3）：46-53.

2. 夏付斌，司娜. 习近平关于乡风文明建设的重要论述探析［J］. 福州党校学报，2020（6）：18-21.

3. 刘欢，韩广富. 关于乡风文明建设问题研究综述［J］. 中共云南省委党校学报，2020，21（6）：127-132.

4. 刘黎. 曲靖革命文化融入乡风文明建设的路径研究［J］. 曲靖师范学院学报，2020（5）：85-89.

5. 朱德全，马鸿霞. 乡风文明：职业教育“化民成俗”新时代行动逻辑［J］. 国家教育行政学院学报，2020（8）：3-9.

6. 姜美娟，孙爱芹. 新时代乡风文明振兴的动力探究［J］. 烟台职业学院学报，2020，26（2）：25-28.

7. 祁红亭. 以农村文化礼堂提升乡风文明的实践与思考——以浙江海宁为例［J］. 文化学刊，2020（4）：19-22.

8. 韩广富，刘欢. 新时代农村基层党组织推进乡风文明建设的逻辑理路［J］. 理论探讨，2020（2）：137-143.

9. 陈信凌，范懿. 新媒体精准传播下的乡风文明建设研究［J］. 江西社会科学，2019（11）：216-221.

10. 徐越. 乡村振兴战略背景下的乡风文明建设［J］. 红旗文稿，2019（21）：32-34.

11. 黄智勇. 构建乡风文明长效机制的实践探索［J］. 文化创新比较研究，2019，3（25）：37-38.

12. 黄昕，吴恒同，张振国. 纵横磨合：乡风文明建设的多重逻辑——基于湖南省14个市州的调查分析［J］. 吉首大学学报（社会科学版），2019，40（4）：124-133.

13. 吕东霞. 新时代乡风文明建设路径选择——基于江西省W县的调查分析［J］. 党政干部学刊，2019（6）：70-75.

指导教师：朱桂莲

团队队长：陈铁峰

团队成员：李雯静　姜建宇　李　娜　李　星

附录1

红安县乡风文明建设调查研究问卷

您好！我们是中国地质大学（武汉）马克思主义学院的暑期社会实践调研团队，我们正在进行一项关于红安县乡风文明建设的调查研究，非常感激您能够配合我们，在百忙之中参与我们的问卷调查。整个问卷涉及的题目没有对错之分，请在您认为符合的选项上画√（注意：若未表明特殊要求，所有题目只选一个答案）。十分感谢您的参与与支持！

第一部分：基本信息

A1. 您的性别是。

A. 男　　B. 女

A2. 您的文化程度是。

A. 小学及以下　　B. 初中　　C. 高中（包括职高、中专、技校）

D. 大专　　E. 本科　　F. 研究生及以及上

A3. 您的政治面貌是。

A. 共青团员　　B. 群众　　C. 预备党员　　D. 党员

A4. 您目前从事的职业是。

A. 农民　　B. 个体户（商户/微商）

C. 服务业人员（餐饮服务员/司机/售货员等）

D. 职业人员（教师/医生/律师等）

E. 事业单位（公务员/政府工作人员）　　F. 学生

G. 工人（工厂工人/建筑工人/城市环卫工人等）

H. 无业（失业/退休）

第二部分：对乡风文明建设的认知

A5. 问题1：您了解您所在乡镇的乡风文明建设情况吗？

A. 非常了解　　B. 比较了解　　C. 一般了解

D. 比较不了解　　F. 非常不了解

A6. 您认为您所在村庄的乡风文明建设体现在哪些方面？（可多选）

A. 居住环境改善　　B. 婚丧礼俗整治　　C. 基层文明建设

D. 先进文化建设　　E. 村规民约倡导　　F. 家风家训建设

G. 乡风民风评议　　H. 志愿服务普及

A7. 您认为您所在村庄的乡风文明建设的普及程度如何？

A. 非常好，在当地众所周知　　B. 比较好，当地大多数人都知道

C. 一般，影响范围有限　　D. 比较差，知道的人不多

E. 非常差，没听说过该建设

A8. 您所知道的本地乡风文明建设参与者有哪些？（可多选）

A. 当地政府部门　　B. 当地社会团体　　C. 当地企业商户

D. 当地普通百姓

第三部分：乡风文明建设的实际效果

A9. 您认为村民在垃圾丢弃方面是什么态度？

A. 直接焚烧垃圾

B. 随意丢弃

C. 丢弃在路边垃圾堆

D. 丢弃在垃圾集中处理点

A10. 您认为村民们在婚嫁丧礼方面存在哪些问题？（可多选）

A. 大操大办宴席　B. 收受高额礼金　C. 大搞封建迷信

D. 食物浪费严重　E. 噪声污染严重　F. 以上皆无

A11. 您认为你所在的村庄在基层文明建设方面可采取哪些措施？（可多选）

A. 评选文明村镇

B. 评选文明家庭

C. 评选好人好事

D. 运用宣传栏等平台宣传好人好事

A12. 您认为您所在的村庄在先进文化建设方面可采取哪些措施？（多选）

A. 建设农家书屋　B. 建设文化礼堂　C. 建设文化广场

D. 建设乡风家风馆　E. 组建舞蹈队　F. 组建合唱团

G. 开展文艺演出

H. 开展多种多样的文体活动（下棋、打球、书画等）

A13. 您对村规民约的态度。

A. 非常认同，自觉遵守　B. 比较认同，一般遵守

C. 比较不认同，少数遵守　D. 非常不认同，不遵守

E. 从没听说过

A14. 您对当前的乡风文明建设是否满意？

A. 非常满意　B. 比较满意　C. 一般满意　D. 不太满意

E. 非常不满意

A15. 您认为目前乡风文明建设还存在哪些问题？（可多选）

A. 基础文化设施建设有待进一步完善

B. 陈旧落后的思想观念亟待转变

C. 环境卫生有待进一步整治

D. 基层干部思想认识有待进一步提高

E. 农村保障机制不够完善

F. 当地居民没有从中收益，居民积极性低

A16. 您认为目前乡风文明建设存在问题的原因有哪些？(可多选)

A. 政府的整体规划不合理

B. 相关部门宣传工作不到位

C. 缺乏相关的政策资金支持

D. 百姓参与度低，建设脱离人民群众

E. 当地现实情况复杂，建设难度大

A17. 您是否愿意主动参与到乡风文明建设当中去？

A. 非常愿意　B. 比较愿意　C. 一般　D. 比较不愿意

E. 非常不愿意

第四部分：红色文化对乡风文明建设的涵养情况

A18. 您认为当地的红色文化是否融入乡风文明建设？

A. 完美融入　B. 融入较多　C. 融入较少　D. 没有融入

A19. 您认为红色文化在红安县乡风文明建设中应该居于怎样的地位？

A. 主导地位　B. 重要组成部分之一　C. 可有可无

D. 完全没有

A20. 您认为使当地的文化融入乡风文明建设的措施有哪些？（可多选）

A. 保护红色建筑　B. 修建红色博物馆

C. 修建红色纪念馆　D. 修建红色文化广场

E. 宣传红色英雄人物事迹　F. 弘扬红色革命精神

G. 发展红色旅游

A21. 您认为当地的红色文化融入乡风文明建设有哪些不足？(可多选)

A. 红色建筑保护力度不够

B. 红色文化基础设施建设不完善

C. 红色精神的教育意义未充分发挥

D. 红色旅游资源开发力度不够

E. 开展红色文化活动较少

附录 2

红安县乡风文明建设访问提纲

Q1：在红安新村建设中，政府着力于开展乡村文明创建活动，请问它的主要表现形式有哪些？

Q2：请问在有关乡风文明建设中政府主要采取了哪些措施？比如下发了哪些文件，颁布了哪些政策等。

Q3：目前为止，在乡风文明建设中，您觉得红安县取得了哪些成果？其中最显著的是哪一方面？

Q4：您觉得目前红安县在乡风文明建设中还有哪些地方有待改进？

Q5：请问在红安县乡村文明建设中，您觉得有哪些经验可以分享或者对其他地区有借鉴意义？

Q6：您觉得在红安县的整体规划和发展中乡风文明建设处于什么样的地位？

Q7：请问您有参加过政府举办的有关的乡风文明建设活动吗？或者接触过有关活动吗？

Q8：请问您对近几年政府开展的乡风文明建设活动有哪些感受？

Q9：在乡风文明建设活动开展后，您觉得给您的生活带来了哪些变化？

Q10：请问您对于政府开展的乡风文明建设活动有哪些自己的看法和见解？

第四专题　大别山精神传承与弘扬

——基于红安的调查

大别山精神是中国共产党团结和领导大别山军民在长期艰苦卓绝的战斗中形成的以朴诚勇毅、不胜不休为核心内容的革命精神，这是党在革命斗争中形成的宝贵精神财富，需要新时代青年继承和发扬。培养文化自信需要继承红色基因，伟大的大别山精神也需要深度挖掘和探析。本次调研的目的，在于了解人们对大别山精神传承与弘扬的现状、态度和路径方面存在的问题，根据存在的问题提出解决措施。此外，在此基础上加强红安红色资源的全面开发，传承与弘扬大别山精神，提高人们对红色革命文化的认识，提高文化自信。

一、选题的背景和意义

（一）选题的背景

“小小黄安，人人好汉；铜锣一响，四十八万；男将打仗，女将送饭。”这首革命歌谣在红安县几乎人人会唱，它寄托着红安人民从祖辈那里传承下来的革命记忆和红色基因，也是大别山精神的真实写照。大别山精神是近代以来中华民族在进行反帝反封建的民族民主革命的特殊历史条件下形成的，是中国人民为适应近代中国社会历史发展趋势而英勇抗争的奋斗历程的写照。红安人民为民族解放和国家独立富强作出了重大牺牲和卓越贡献，也正是在这一过程中，包括红安人民在内的大别山军民共同创造了具有鲜明特色和丰富内涵的大别山精神。

红色资源具有重要的研究价值，红色精神蕴含着强大的精神力量。习近平总书记说：“革命传统资源是我们党的宝贵精神财富，蕴含着丰富的政治智慧和道德滋养。”红色资源是中国共产党领导中国人民在长期的革命和建设中积淀起来的一种特殊的文化类型，它是中华民族优秀传统文化的时代体现和民族精神的丰富和发展。习近平总书记多次强调，要把红色资源保护好、把红色传统发扬好、把红色基因传承好。充分发掘红色资源的历史价值和教育价值，有利于更好地弘扬和培育民族精神，更好地教育后代、激励后人。红色资源所蕴含的精神力量，有利于增强文化自信，为实现中华民族的伟大复兴提供精神动力。红色精神是社会主义先进文化的重要组成部分，是我们党在革命、建设和改革中所积累的精神财富，是全面建成小康社会和实现中华民族伟大复兴的力量源泉。

红安红色文化资源丰富，大别山精神对加强党的建设和提高文化自信具有重要的意义和作用。红安是世界闻名的将军县、鄂豫皖革命根据地的中心、三支红军主力部队的诞生地，其红色文化资源内容丰富，形式多样。在中国特色社会主义进入新时代背景下，只有充分了解大别山精神传承与弘扬的现状，才能更好地继承和弘扬伟大的大别山精神。在新的历史条件下，虽然时代环境和所面临的时代课题与革命年代相比已经有了根本性变化，但是革命者留下来的红色基因是我们的优势，始终不能忘、坚决不能丢。大别山精神是我们党保持先进性的宝贵精神财富，发扬和传承大别山精神，对新时代加强党的建设和增强文化自信都具有重要的意义。

（二）研究意义

在理论上，有利于我们梳理红安革命的发展历程、明晰大别山精神及其相关概念、了解大别山精神的本质、充实大别山精神的理论内涵、明确大别山精神的当代价值，为其传承和发展提供理论依据。大别山精神是共产党人领导大别山地区人民群众在革命斗争中所体现的的共同作风、共同信念、共同精神品质和思维方式。大别山精神是新中国成立前二十多年包括红安在内的大别山英雄儿女前仆后继地进行革命斗争的精神支撑，也是推动我们党保持其先进性的一份宝贵财富。在今天我们改革创新的攻坚时刻，继承和弘扬大别山精神仍然具有重要的理论意义。

在实践上，大别山精神是当代宝贵的精神财富，对大别山精神传承与弘扬现状的研究，有利于发现其在传承过程中存在的问题，并为问题提供解决方案。在新的历史条件下研究大别山精神的发展现状，不仅有利于保持和发扬革命先辈的革命热情和拼搏精神，而且有利于扩大大别山精神的影响力。应当传承大别山精神，让文化自信内化于心、外化于行。深入红安实地去调研，坚持理论联系实际的优良传统，发扬求真务实、埋头苦干精神，结合红安县具体情况，社会现状调查状况，在发现问题的同时，提出针对性的解决方案，更好地服务大别山精神的传播。

二、大别山精神的内涵及时代价值

大别山精神是推动我们党保持先进性的宝贵财富，它所体现的优良作风、共同信念、精神品质对于新时代社会的发展具有重要的价值和意义。大别山精神作为一种精神形态，主要蕴含在大别山丰富的红色资源中，具有重要的时代价值。

（一）大别山精神的内涵

大别山精神是近代以来中华民族在进行反帝反封建的民族民主革命的特殊历史条件下形成的，是中国人民为改变近代中国社会历史发展趋势而英勇抗争的奋斗历程的写照。大别山精神主要内容是朴诚勇毅、不胜不休的革命精神，这种精神，用红安人自己的概括，就是“一要三不要”“一图两不图”“为党为民”“万众一心”的革命精神。

“朴诚勇毅”是大别山精神的主要内容。“朴”，就是朴素实在，艰苦奋斗，求真务实；“诚”，就是忠诚诚信，忠心耿耿，顾全大局；“勇”，就是敢于斗争，勇于创新，勇于献身；“毅”，就是坚毅顽强，坚忍执着。“朴诚勇毅”是对大别山精神在革命中的体现的总结。“不胜不休”是大别山精神的核心。不胜不休就是为夺取革命的胜利，为实现共产主义的远大目标，矢志不渝，一往无前，不达目的，誓不罢休。正是有了这种“不胜不休”的革命精神的支撑，才有一批又一批的大别山儿女前赴后继地投身于革命，直至新中国的成立。“一要三不要”是指“要革命、不要钱、不要命、不要家”，“一图两不图”指“图奉献、不图名、不图利”。“为党”“为民”是大别山精神的力量源泉。“为党”指信仰马克思主义，坚定共产主义理想和信念，坚决贯彻执行党的路线方针政策，为实现党的共产主义远大目标而奋斗。“为民”指坚持全心全意为人民服务的宗旨，为实现最广大人民群众的根本利益，无私地奉献自己的一切，一切依靠人民，一切为了人民，把人民的利益牢记在心中。“万众一心”是大别山精神的品质。在中国共产党的领导下，红安军民万众一心，团结在一起，与敌人抗战，体现出一种奋斗到底和团结一致的精神品质。

（二）大别山精神的时代价值

2010 年，习近平同志在红安调研时强调：“革命先辈们的丰功伟绩，革命老区人民作出的重大贡献，任何时候都不能忘记。要大力弘扬革命老区的优良传统，把老区精神转化为科学发展的强大精神动力，推动老区建设又好又快发展，让老区人民过上更加幸福美好的生活。”大别山精神对今天社会的发展具有深刻的意义和重要的时代价值。

1. 有利于树立坚定的理想信念

大别山精神凝聚着中国共产党人追求科学真理和追求民族独立富强的理想信念，对于指引当前我国人民进行改革开放和社会主义现代化建设具有重要的意义，具有激励中国共产党人坚守革命情操、保持艰苦奋斗优良传统和开拓创新的时代价值。实现中华民族伟大复兴的中国梦，需要坚定的理想信念。进入新时代，我们面临着新的考验和困难，大别山精神所体现的革命信念和革命品质是建设中国特色社会主义的不竭动力。

2. 有利于推进党的先进性建设

大别山精神孕育于 20 世纪 20 年代的黄麻起义，形成于鄂豫皖革命根据地发展的全过程。大别山人民在党的领导下进行艰苦卓绝的斗争，克服重重困难，其在艰苦环境和危险时刻表现出来的奋斗精神，有利于党的先进性建设。这种艰苦奋斗的优良作风，是凝聚党心民心、推进全面建设社会主义现代化国家的重要力量。

3. 有利于激励中国共产党人不断开拓创新

把马克思主义普遍原理与革命具体实践相结合是大别山精神的重要内容。“在多次粉碎反动民团和反动武装的军事围剿的斗争中，革命队伍始终紧紧依靠广大贫苦农民，进行土地革命，建立农村政权，坚持游击战争，摸索出了‘声东击西、绕南进北、昼伏夜动、远袭近止’的作战方针和‘八会’战术”。大别山精神激励着中国共产党人在新时代背景下，不断与时俱进、开拓创新，保持不畏艰难、顺应时代的创造品质。

4. 有利于培养新时代中国特色社会主义文化自信

红色文化是中国特色社会主义文化发展的不竭动力，是中国特色社会主义文化发展的活力源泉和重要载体。大别山精神承载着革命先辈的理想信念、革命精神和当代价值追求，它是一种历史文化，也是一种时代文化，其为党为民、朴诚勇毅、不胜不休和万众一心的革命精神有利于增强中国特色社会主义文化自信。大别山精神是民族精神的体现，具有其独特的时代价值，是实现中华民族伟大复兴的中国梦的不竭动力。

三、大别山精神传承与弘扬的现状调查及结果分析

大别山精神作为一种精神形态，主要蕴含在（红安）这片红色的土地

上所保存着的红色资源中。近年来，当地政府追寻红色记忆，挖掘红色资源，通过调查研究，我们发现当地在传承与弘扬大别山精神方面取得了一定的成效，但同时也存在一些问题。本次共发放问卷 500 份，调研团队在调研期间努力引导调研对象认真填写问卷，因此，基本避免了问卷的浪费，共回收有效问卷 492 份。

（一）人们对大别山精神的内涵掌握现状调查及分析

为更好掌握人们对大别山精神的内容的了解现状，本次调查分别从不同年龄、不同职业、不同学历三个层次的人群展开，并对不同层次的调查结果做了初步分析。

1. 不同年龄段对大别山精神内涵的了解情况的调查和分析

本次调研对象为红安县城乡居民，样本成分齐全，涵盖了从未成年到老年各个年龄阶段，具有较好的代表性，如表 4-1 所示。调研对象年龄段分布较为均匀，调研对象年龄主要分为四个阶段，分别是 18 岁以下、18 岁到 35 岁、36 岁到 55 岁以及 55 岁以上。其中 55 岁以上的人数为 49 人，占总人数的 10%，是所有年龄段中人数最少、占比最少的群体；18 岁到 35 岁人数为 187 人，占总人数的 38%，是占比最大的群体；而 18 岁以下以及 36 岁到 55 岁的群体人数相差不大，分别为 143 人、113 人，占比 29%、23%，分布相对均匀。

不同年龄段对大别山精神掌握程度不同。18 岁以下群体多为学生，对大别山精神相关知识掌握较为全面，在调研的 143 人中，非常了解的占 40%，比较了解的占 50%，是占比最大的部分，而一般了解和不了解的分别占 8%和 2%，总体情况较为乐观。18 岁到 35 岁的群体，从事工作各不相同，对大别山精神的内涵掌握情况并不乐观，非常了解和比较了解仅占 9%和 20%，71%的人为一般了解或者不了解，尤其是完全不了解的比例占到了 24%，可以看出本群体对大别山精神相关知识的掌握有所欠缺。36 岁到 55 岁的群体情况不容乐观，非常了解的人仅占 5%，比较了解的人数也只有 20%，一般了解和不了解的比例高达 75%，其中，完全不了解的人数更是高达 25%。从比例分布情况来看，这部分群体对大别山精神相关知识的掌握存在较大问题。

从整体效果而言，18 岁以下群体以及 55 岁以上群体，对大别山精神相关知识的掌握较之于 18 岁到 35 岁以及 36 岁到 55 岁群体情况要好很多。18 岁以下群体对于大别山精神相关知识掌握情况最为乐观，非常了解和比较了解占比 90%，而完全不了解的仅仅占了 2%。55 岁以上群体对大别山精神掌握情况也比较乐观，非常了解和比较了解的占 80%，而完全不了解的仅仅占 5%。反观 18 岁到 35 岁和 36 岁到 55 岁两个群体，对大别山精神的掌握情况不容乐观，存在较大问题。

表 4-1　不同年龄段对大别山精神的掌握情况

年龄分布			掌握情况			
年龄段	数量	比例	非常了解	比较了解	一般了解	不了解
18 岁以下	143	29%	40%	50%	8%	2%
18—35 岁	187	38%	9%	20%	47%	24%
36—55 岁	113	23%	5%	20%	50%	25%
55 岁以上	49	10%	34%	46%	15%	5%
合计	492	100%				

2. 不同职业对大别山精神内涵的了解情况的调查和分析

问卷调查的人群主要集中于从事商业经营的群体和学生群体，如图 4-1 所示，其中从事商业经营的占 33%、学生占 34%，其次从事事业单位工作占 20%，务工务农人员占 13%。调查问卷的发放地点主要是学校、旅游景区等地，所以学生和从事商业经营的人员较多，其次是事业单位工作者。研究中把受调查者的职业作为影响到大别山精神弘扬和传承现状的影响因子，试图分析每种职业对大别山精神的了解程度，从而提出各个行业存在的问题，进一步有针对性地提出解决方案。

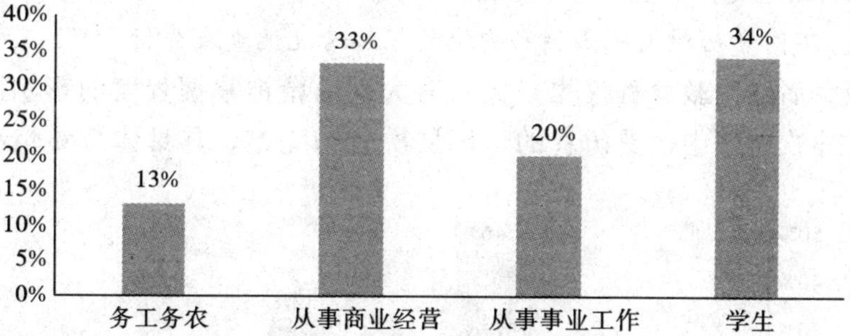

图 4-1　被调查者职业分布

（1）务工务农者对大别山精神的了解程度分析

务工务农者占比 13%，有 64 份问卷是由受调查者填写的，对大别山精神表示非常了解仅占务工务农总人数的 10%，比较了解占 26%，其余一般了解和不了解分别占 34%和 30%。总体上显示职业为务工务农的受调查者对大别山精神的掌握状况不是很乐观，非常了解和比较了解两者仅仅占到 36%，其余大部分人员对大别山精神的了解都不够透彻。务工务农者对大别山精神的了解程度还有较大的提升空间。

（2）从事商业经营者对大别山精神的了解程度分析

从事商业经营者占比 33%，比例较大，其中不了解大别山精神的达 37%之多，其次是一般了解占 27%，非常了解和比较了解共占 36%。笔者分析，商业经营者平常接触大别山精神较少，所以对大别山精神存在较多的知识盲区，不了解人员占比最高，证明我们在采取措施时要对从事商业经营的人员进行重点教育，从而使其了解大别山精神。

（3）事业单位工作者对大别山精神的了解程度分析

事业单位工作者占比 20%，人数不多，其中比较了解和非常了解占 71%，是所有行业中最高的，一般了解占 19%，不了解占 10%。总体上说，事业单位工作者对大别山精神的了解状况良好，笔者分析，这得益于政府良好的宣传、事业单位工作者自身的较好素质状况以及工作的需要。但对于大别山精神的传承现状，事业单位工作者仍然存在 29%认识不够透彻，有待加强。

（4）学生对大别山精神的了解程度分析

学生群体占受调查者的总体比例为 34%，有 167 份调查问卷。其中不了解大别山精神的仅占 4%，是所有群体中最低的，比较了解占 42%，非常了解占 26%，一般了解占 28%，总体来说，在学生群体对大别山精神的了解状况中，比较了解和一般了解占 70%，表明学生群体对大别山精神的了解并不是很透彻，还需要加强。

3. 不同学历对大别山精神内涵的了解情况调查及分析

受访者的受教育程度也是民众对大别山精神掌握程度的影响因子之一，在本次调研中，受访者的学历层次较为完整，其具体分布情况如图 4-2 所示。

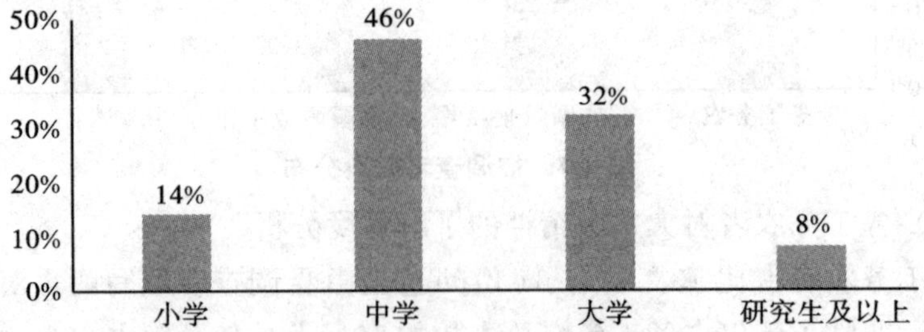

图 4-2 受访者的受教育程度

在本研究中，调研对象受教育程度参差不齐，涵盖了小学学历到研究生及以上学历。其中，主要集中在中学学历和大学学历两个阶段，占比分别为46%和32%，占受访者的绝大多数。县城居民大多数在中学毕业后在家从事商业经营，因此中学学历的占比最大；由于红安县是一个革命老区，到此处实习、调研的大学生团队较多，加之事业单位的工作人员学历以大学为主，因此大学生也占相当大一部分比例；小学学历人数较少，占比14%，以务农和务工人员为主；由于在县城，研究生及以上学历的人数较少，仅占8%。

如表4-2所示，研究生及以上学历的群体，对大别山精神的了解情况非常乐观，主要集中在“非常了解”和“比较了解”两个层面，“一般了解”仅占20%，只有极少数对大别山精神不了解，仅占4%。

大学生群体对大别山精神的了解程度主要集中在“比较了解”和“一般了解”两个层面，占比分别为32%和30%，“非常了解”也占到了26%，而“不了解”的人数占到了12%，“完全不了解”的人比较少，总体情况比较乐观。

中学学历的群体，情况不容乐观，人数集中分布在“比较了解”“一般了解”以及“不了解”三个层面，“一般了解”占比高达35%，“比较了解”和“不了解”占比相当，分别是29%和27%，只有极少数人非常了解，仅占9%，这部分群体的了解情况存在一定问题。

小学学历的群体，了解情况是所有群体中最糟糕的，“一般了解”和“不了解”占了绝大多数，占比分别为36%和29%，两者加起来共占比65%，即这个群体中超过一半的人对大别山精神不了解或者了解较少，25%的人属于“比较了解”，在“非常了解”层面，占比仅为10%。

表4-2　不同学历群体对大别山精神的了解程度

学历	态度			
	非常了解（%）	比较了解（%）	一般了解（%）	不了解（%）
小学	10	25	36	29
中学	9	29	35	27
大学	26	32	30	12
研究生及以上	36	40	20	4

总体来看，不同学历群体对大别山精神相关知识的掌握程度呈现出

各自的特点，研究生及以上学历群体，大部分人对大别山精神的掌握非常透彻，极少数人不了解大别山精神；大学学历群体对大别山精神较为了解，少数人完全不了解；中学学历群体和小学学历群体对大别山精神了解不够，甚至相当多的人完全不了解；小学学历群体的了解情况也存在较大问题，主要分布在“不了解”和“一般了解”两个层面，而“非常了解”层面极少。因此研究生及以上学历群体和大学学历群体两个群体掌握程度较好，而小学学历和中学学历群体在掌握大别山精神方面存在较大问题。

（二）人们对大别山精神传承与弘扬的态度的调查及结果分析

对于人民对大别山精神传承与弘扬所持态度的调查，也分别从不同年龄、不同职业、不同学历三个层次的人群展开，并对不同层次的结果做了初步分析。

1. 当代社会是否需要传承与弘扬大别山精神

不同年龄阶段针对大别山精神传承与弘扬的态度截然不同。如表 4-3 所示，其中 18 岁以下认为传承与弘扬大别山精神是十分必要的，占比达到了 78%，只有少数人认为“无所谓”或“不需要”；18—35 岁和 36—55 岁的人们认为传承与弘扬大别山精神“很需要”和“无所谓”的态度占比较大且比例大致相当；55 岁以上年龄段的人们多数认为传承与弘扬大别山精神是很有必要的，占比为 52%。数据表明，大部分人认为传承与弘扬大别山精神是很有必要的，18—35 岁和 36—55 岁的人们多数认为“很需要”，但持“无所谓”态度的占比也较大，对于大别山精神的传承较为冷漠，还需提高认识。

表 4-3　不同年龄阶段针对大别山精神传承与弘扬的态度

年龄段	态度		
	很需要（%）	无所谓（%）	不需要（%）
55 岁以上	52	32	16
36—54 岁	41	35	24
18—35 岁	44	31	25
18 岁以下	78	14	8

不同职业对大别山精神传承与弘扬的态度截然不同。如表 4-4 所示，

其中，学生认为对大别山精神传承与弘扬是十分必要的，占比达到了71%；务工务农者对大别山精神传承与弘扬持“无所谓”态度占比最大，达到了45%，认为不需要传承与弘扬大别山精神的比重也占到了21%。数据表明，不同职业对传承与弘扬大别山精神有着不同的态度，学生和从事事业工作的人认为传承与弘扬大别山精神是十分必要的。

表 4-4　不同职业对大别山精神传承与弘扬的态度

职业	态度		
	很需要（%）	无所谓（%）	不需要（%）
学生	71	24	5
事业单位工作者	62	21	17
商业经营者	45	36	19
务农务工者	34	45	21

受教育程度对传承与弘扬大别山精神的态度影响较大。如表 4-5 所示，其中研究生及以上学历的认为对大别山精神传承与弘扬是非常必要的，占到了100%。小学和中学学历者对大别山精神传承与弘扬持“无所谓”态度的占到了35%，小学学历者认为不需要传承与弘扬大别山精神的占到了24%。数据表明，受教育程度与传承与弘扬大别山精神态度呈现正相关，受教育程度越高，则认为越需要传承与弘扬大别山精神。

表 4-5　不同学历者针对大别山精神传承与弘扬的态度

学历	态度		
	很需要（%）	无所谓（%）	不需要（%）
研究生及以上	100	0	0
本科	67	28	5
中学	52	35	13
小学	43	35	23

2. 是否愿意参加大别山精神的宣传、教育活动

不同年龄段对大别山精神宣传的参与度态度截然不同。如表 4-6 所示，其中 18 岁以下对大别山精神宣传的参与度最高，占比达到了 72%，18—35 岁年龄段“视情况而定”的比重最大，占到了 49%，36—55 岁年龄段“不愿意参加”宣传大别山精神的比重较大，占到了 19%。数据表明，不同年龄对宣传大别山精神的态度不同，年龄越小参与度越高。

表 4-6　不同年龄对大别山精神宣传的参与度

年龄	态度		
	愿意参加（%）	视情况而定（%）	不愿意参加（%）
55 岁以上	34	47	19
36—55 岁	28	50	22
18—35 岁	36	49	15
18 岁以下	72	18	9

不同职业对大别山精神宣传活动的参与程度不同。如表 4-7 所示，学生“愿意参加”的占比最大，达到 75%，少数人选择“视情况而定”和“不愿意参加”；从事事业工作有 41%的人选择“愿意参加”，47%的人选择“视情况而定”；务工务农和从事商业经营的人大多数选择“视情况而定”和“不愿意参加”，态度较为冷漠，情况不太乐观。

表 4-7　不同职业对大别山精神宣传的参与度

职业	态度		
	愿意参加（%）	视情况而定（%）	不愿意参加（%）
学生	75	16	9
事业单位工作者	41	47	11
商业经营者	28	45	26
务工务农者	27	43	30

不同受教育程度对大别山精神宣传活动参与程度的影响较大。如表 4-8 所示，其中学历为研究生及以上的人“愿意参加”的比例占 100%，受教育程度为大学的人有 69%的人选择“愿意参加”，只有少数人选择“视情况而定”和“不愿意参加”；而受教育程度为小学和中学的人大部分选择“视情况而定”和“不愿意参加”，表现不太积极。表 4-8 表明受教育程度越高，参与大别山精神宣传活动的占比越大，参与积极性越高。

表 4-8　不同学历者对大别山精神宣传活动参与度

学历	态度		
	愿意参加（%）	视情况而定（%）	不愿意参加（%）
研究生及以上	100	0	0
大学	69	17	14
中学	37	51	12
小学	35	49	15

（三）大别山精神传承与弘扬的途径与意义现状分析

大别山精神的传承与弘扬途径多样，各个层次的人们对大别山精神的意义的了解也存在差异和特点。

1. 了解大别山精神途径的数据分析

如表4-9所示：学校教育是弘扬和传承大别山精神的主要途径，通过网络媒体了解大别山精神比例较小，通过阅读书籍报刊了解大别山精神所占比例最少。18—35岁年龄阶段的人通过影视剧宣传了解到大别山精神所占比例只有17%，原因是空余时间较少，很少有时间观看影视剧，同时这个年龄段的人通过网络媒体的比例多于其他年龄段，所占比例为10%；55岁以上的年龄段，近半人数通过红色影视剧宣传了解大别山精神，比例约为46%，此外通过亲友口述的比例达到11%。从不同的职业类别来看，务农务工人员一般学历有限，学校教育对他们的影响较小，通过学校教育了解大别山精神的比例只占30%；而通过影视剧宣传的途径所占比例达47%；网络媒体不是他们了解大别山精神的主要途径，只有少部分人通过网络媒体学习和传承大别山精神；从事商业经营、事业工作和学生群体主要通过学校教育学习大别山精神，较少的人通过红色影视剧了解大别山精神。从不同的受教育程度来看，调查结果显示，学校教育对大别山精神的弘扬与传承与文化程度成正比，红色影视剧也是不可忽略的途径，网络媒体对大别山精神的宣传影响较大，到革命遗址参观学习是了解大别山精神的较好选择，到实地参观更易引发情感共鸣。

表4-9　不同群体了解弘扬和传承大别山精神的主要途径

		学校教育	阅读书籍报刊	影视剧宣传	网络媒体	亲友口述	到革命遗址参观学习
年龄	18岁以下	47%	6%	28%	8%	2%	9%
	18—35岁	51%	7%	17%	10%	3%	12%
	36—55岁	45%	4%	30%	5%	5%	11%
	55岁以上	29%	3%	46%	2%	11%	9%
职业	务工务农	30%	2%	47%	3%	12%	6%
	商业经营	42%	3%	31%	10%	4%	10%
	事业工作	50%	7%	13%	10%	5%	15%
	学生	61%	6%	10%	11%	4%	8%

续表

		学校教育	阅读书籍报刊	影视剧宣传	网络媒体	亲友口述	到革命遗址参观学习
受教育程度	小学	43%	4%	22%	12%	9%	10%
	中学	54%	5%	24%	9%	3%	5%
	大学	52%	6%	20%	11%	2%	9%
	研究生及以上	53%	6%	19%	12%	2%	8%

2. 红色影视剧对大别山精神的宣传作用程度的数据分析

不同年龄对于红色影视剧对大别山精神宣传作用态度不一。如表 4-10 所示，18 岁以下的年龄段中 28%的人认为红色影视剧对大别山精神宣传作用非常大，32%的人认为作用很大，35%的人认为作用一般，而 5%的人认为红色影视剧对大别山精神的宣传没有影响；18—35 岁、36—55 岁及 55 岁以上年龄的人中，32%左右的人认为红色影视剧对大别山精神的宣传作用非常大，45%左右的人认为影响很大，19%左右的人认为作用一般，而 5%左右的人认为没有影响。这主要与人们的空闲时间和休闲方式相关。

务工务农人员中，23%的人认为红色影视剧对大别山精神的宣传作用非常大，27%的人认为影响很大，35%的人认为作用一般，而高达 15%的人认为红色影视剧对大别山精神的宣传没有影响；从事商业经营和事业工作的人中，认为红色影视剧对宣传大别山精神的作用非常大的比例分别为 30%和 32%，认为作用很大的分别为 40%和 43%，认为作用一般的都为 20%，而认为完全没有影响的分别为 10%和 5%；学生群体中，34%的人认为红色影视剧对大别山精神的宣传作用非常大，40%的人认为影响很大，19%的人认为作用一般，还有 7%的学生认为影视剧对宣传大别山精神没有作用。不同的职业和工作状态导致人们对大别山精神以及红色影视剧作用的感知出现差异。

不同受教育程度的人们认为红色影视剧对宣传大别山精神的作用不同，从表 4-10 可知，21%小学文化程度的人认为红色影视剧对宣传大别山精神作用非常大，33%认为作用很大，32%认为作用一般，还有 14%的人认为没有作用；在中学教育程度群体中，认为红色影视剧作用非常大的占比 25%，认为作用很大的占比 30%，33%的人认为作用一般，12%的人认为没有作用；在拥有大学学历的群体中，认为作用非常大的所占比例为 37%，认为作用很大的比例为 29%，认为作用一般的比例为 22%，而 8%

的比例认为没有作用和影响；在研究生及以上学历群体中，35%的人认为影视剧对宣传大别山精神作用非常大，39%的人觉得作用很大，22%的人认为作用一般，只有4%的人认为影视剧对大别山精神的弘扬与宣传没有作用。由此可见，受教育程度影响作用认知，受教育程度越高，越能认识到红色影视剧对大别山精神在宣传作用，并能有效把握这些途径，弘扬和传承大别山精神。

表 4-10　不同群体认为红色影视剧对大别山精神的宣传作用程度

		非常大（%）	很大（%）	一般（%）	没有影响（%）
年龄	18 岁以下	28	32	35	5
	18—35 岁	32	44	20	4
	36—55 岁	31	45	19	5
	55 岁以上	32	47	15	6
职业	务工务农	23	27	35	15
	商业经营	30	40	20	10
	事业工作	32	43	20	5
	学生	34	40	19	7
受教育程度	小学	21	33	32	14
	中学	25	30	33	12
	大学	37	29	26	8
	研究生及以上	35	39	22	4

3. 大别山精神是否对人们的学习和生活起到积极作用的数据分析

大别山精神内容丰富源远流长，“万众一心，为党为民，朴诚勇毅，不胜不休”的大别山精神对个人的生活、工作、学习产生着潜移默化的影响。传承和弘扬大别山精神意义非凡，但在现实生活中并不是所有人都领会和意识到大别山精神的意义和作用。关于“大别山精神对您的学习和生活是否起到过积极作用”，不同的人有着不同的观点。

首先，从不同年龄段来看，18岁以下的人群中，18%的人认为大别山精神总是在他们的学习和生活中起着积极作用，25%的人认为经常起作用，36%的人认为有时会起到作用，21%的人认为完全没有起过作用，这是因为他们年纪尚小，经历不够丰富，认知不完全，导致他们有这种观念；在18—35岁年龄段的人中，认为大别山精神总是产生积极作用的人占

27%，认为经常产生积极作用的占 24%，认为有时产生影响的占 25%，认为完全没有影响的占 24%，这个年龄段的人经受过生活的压力，更多的是在意现实和物质层面的东西，而比较忽略精神层面的影响和作用；在 36—55 岁年龄段的人中，30%的人认为大别山精神总是对他们的生活产生着积极作用，45%的人认为经常会起到积极作用，15%的人认为有时会起作用，而 7%的人认为完全没有作用，这个年龄段的人生活经历比较丰富，能够准确认识向上和不屈的精神对人成长的作用和影响；在 55 岁以上的人中，认为大别山精神对他们的生活产生积极作用的比例占 37%，认为经常会起到积极作用的比例占 38%，认为有时会起到积极作用的比例占 17%，而认为完全没有作用的占比约为 8%。

表 4-11　不同年龄的人们认为大别山精神对学习和生活是否起积极作用的情况

年龄	态度			
	总是（%）	经常（%）	有时（%）	完全没有（%）
55 岁以上	37	38	17	8
36—55 岁	30	45	15	10
18—35 岁	27	24	25	24
18 岁以下	18	25	36	21

如表 4-12 所示，从不同的职业来看，务工务农人员中，21%的人认为大别山精神对他们的生活总是起着积极作用，28%的人认为大别山精神经常对他们的生活和工作产生积极影响，34%的人认为有时会起到积极作用，而 17%的人认为大别山精神对他们的生活完全没有作用；在从事业工作和学生群体中，认为大别山精神对他们产生积极影响的所占比重较大，而只有少数部分认为大别山精神对他们的工作、学习和生活完全没有影响。

表 4-12　不同年龄的人们认为大别山精神对学习和生活是否起积极作用的情况

职业	态度			
	总是（%）	经常（%）	有时（%）	完全没有（%）
务工务农	21	28	34	17
从事商业经营	32	38	18	12
从事事业工作	31	40	22	7
学生	37	36	19	8

从不同的受教育程度来看，如表4-13所示，只接受过小学教育的人员中18%的人认为在他们的生活中大别山精神总是起着积极作用，23%的人认为“经常”起作用，42%的人认为有时大别山精神会对他们的生活产生积极作用，还有17%的人认为他们的生活完全没受大别山精神的积极影响，在接受过中学教育的人群中也有16%的人认为大别山精神完全没有对他们的生活产生过积极作用，在拥有大学、研究生及以上学历的人群中，认为大别山精神对他们产生过积极作用的比重占比较高，而认为大别山精神完全没对他们的生活和学习起到积极作用的比重较少，分别只有9%和5%。

表4-13 不同受教育程度的人们认为大别山精神对学习和生活是否起积极作用的情况

	总是	经常	有时	完全没有
小学	18%	23%	42%	17%
中学	21%	27%	36%	16%
大学	38%	32%	21%	9%
研究生及以上	42%	34%	19%	5%

四、大别山精神传承与弘扬过程中存在的问题分析

（一）人们对大别山精神了解程度方面存在的问题

从问卷调查结果的统计与分析可以看出，三个影响因子（年龄、职业、学历）对民众接受、弘扬大别山精神具有巨大的影响。

大别山精神的传承与弘扬总体情况较为乐观，但在对象、年龄和层次结构上不太合理。首先，从年龄段的层面来讲，18岁以下和55岁以上的群体，对大别山精神相关知识掌握得比较好，这主要是因为18岁以下群体基本都是在校学生，他们主要通过学校教育来获得相关知识。55岁以上群体多为原著居民，上一辈的讲述与熏陶对他们了解大别山精神具有潜移默化的影响，他们对红安的革命史和革命精神掌握较为透彻，影响深远持久。而18岁到35岁和36岁到55岁两个群体多为个体户或者私营企业主，还有的是外来人口，对大别山精神的了解有所欠缺，这主要是因为他们在生活中很少接触到大别山精神。

其次，从职业层面来看，学生、从事事业单位工作以及务工务农的群体，对大别山精神的接受与弘扬情况较好，这主要是因为学生通过系统的

学校教育接受大别山革命史、大别山精神的相关知识。事业单位的工作人员通过政府和事业单位组织的学习活动接受大别山精神的相关知识。务工务农人员多为革命老区原著居民，其本身或父辈经历过革命，这段岁月记忆深刻，他们深受影响，是感受最深的一个群体。而从事商业经营的群体，忙于工作且生活中极少涉及大别山精神，没兴趣或者没时间参加政府组织的相关活动。

此外，从受教育程度方面来讲，小学学历群体和中学学历群体主要从事的工作是务工务农和从事商业经营，除了务农群体外，外来人口占一部分比例，他们对大别山精神知之甚少，即使是红安人，也是忙于生计而与大别山精神相隔甚远，生活中很少涉及大别山精神。而大学学历和研究生学历群体主要为事业单位工作者或在校学生，其通过系统的学校教育和单位有组织的活动对大别山精神有一定的了解和认识。

总体来讲，大别山精神的传承推动了红安的发展，但是却忽略了对某些群体进行大别山精神的宣传教育，部分群体对大别山精神的内容了解不够深入。通过调查研究我们发现，大部分人对大别山精神的了解浮于表面，并没有更加深入地了解。调查问卷的统计结果表明，不同职业者的了解状况主要集中在比较了解和一般了解，以学生为代表的群体尤为明显。学生群体不了解大别山精神的人数只占4%，其余比较了解和一般了解占到70%，说明大家对大别山精神的了解不够深入和精确。受教育程度不同者对大别山精神的了解状况同样集中在比较了解和一般了解，除了研究生学历者存在高比例的非常了解人数外，其他学历者都是以比较了解和一般了解居多。

大别山精神的传承和弘扬总体来说状况较好，但是通过对各个问题的分析我们了解到，大部分人对大别山精神的理解不够深入。我们分析，从受众自身来说，大别山精神对人民群众的日常生活的影响较小，在工作、学习和生活中存在精神指引，但是在受众者脑海中却不存在完整的体系，所以造成大家对大别山精神的了解不深入、表面化。从宣传者的角度来说，政府等官方组织时常进行宣传活动，但是活动形式较为单一刻板，虽然给民众留下些许印象，却不够深入和具体。红安当地存在许多革命旅游景区，景区内大部分是以人物事迹、烈士旧宅为主题的宣传，大别山精神虽贯穿其中，但未在参观者心目中留下系统规范的概念。

（二）人们对于传承与弘扬大别山精神的态度存在的问题

大别山精神是董必武等老一辈革命家培育的一种精神，它与井冈山精神、长征精神、延安精神、西柏坡精神一样，从本质上讲，都是中国共产党培育的无产阶级革命精神，所以，传承与弘扬大别山精神对指导我们的实践有重要价值。通过对问卷中 8、10、12、13 这四个问题的分析，我们发现人们在传承与弘扬大别山精神的态度方面存在以下问题：

1. 对传承与弘扬大别山精神的重要性认识不够

首先，从年龄层面分析，前文可以看到年龄对人们关于传承与弘扬大别山精神的重要性认识有很大影响。年龄处在上学阶段的人群普遍认为当代社会十分需要传承与弘扬大别山精神，处于中年阶段的人对传承与弘扬大别山精神持无所谓态度和不需要态度的占比较为大。出现这种情况的原因可能有：18 岁以下的人大都是在校学生，通过学校组织参加过传承与弘扬大别山精神的活动，切身感受到了传承与弘扬大别山精神的重要性以及必要性，对传承与弘扬大别山精神有很好的认识。而处于其他年龄段的人则缺乏这方面认识，对传承与弘扬大别山精神不够重视。

其次，从职业层面分析，前文反映了从事不同职业对传承与弘扬大别山精神的态度。学生和从事事业工作的人大都认为传承与弘扬大别山精神是十分必要的，认为大别山精神是中华民族宝贵的精神财富。从事商业经营和务农务工的人对传承与弘扬大别山精神的认识与其他职业的人相比较程度要低。出现这种情况的原因可能是：从事商业经营和务工务农的人对精神层面的追求不高，这也是我国物质与精神方面发展不平衡的表现。

最后，从受教育程度来看，受教育程度越高，对传承与弘扬大别山精神的需要越大。受教育程度和传承与弘扬大别山精神的认识程度成正相关，教育对传承与弘扬大别山精神的作用很大。而在红安县调查中发现，当地人的受教育程度不是很高，这也是当地人对传承与弘扬大别山精神认识程度不够的主要原因。

2. 部分年龄段成员参与传承与弘扬大别山精神活动的积极性不高

首先，从年龄层面看，18 岁以下人群对大别山精神宣传活动的参与度最高，积极性最好。18—35 岁年龄段对大别山精神宣传的态度是视情况而定的比重最大。36—55 岁年龄段不愿参加宣传大别山精神的比重较大。出现这种情况的原因有：18 岁以下多以学生为主体，学校可能会为学生提供宣传的机会；18—35 岁年龄段人们考虑的因素多，思想没有学生单纯，集体意识淡薄导致他们对宣传大别山精神的活动积极性不是很高；55 岁以上年龄段的人群存在自己年龄大，腿脚不方便、觉得参加这样的活动意义不大等原因，故不愿参加。

其次，从职业层面和受教育层面两者结合来看，在不同职业对大别山精神宣传活动的参与度调查中，发现大部分学生和从事事业工作的人会选择“愿意参加”，积极性高，而从事事业单位工作的人又多受教育程度高。从事商业经营、务工务农的人们多数选择“视情况而定”。而务工务农的人选择“不愿意参加”的比例比较高，参加活动的积极性不高。分析出现这种情况的原因可能有：学生知道宣传大别山精神的重要性，积极性高；而其他职业的参与度不高可能是因为受职业影响，时间有时候会有冲突。

（三）大别山精神的传承与弘扬路径存在的问题

近年来，挖掘红色资源，弘扬革命精神成为提升文化自信的重要一环，在湖北省政府和红安县政府的重视下，传承与弘扬大别山精神取得了一定的成效。一方面，以革命传统教育基地建设和红色旅游为基点，借助书籍、影视、歌曲、戏剧等传统媒体传播手段，依托学校教育平台进行大别山精神的宣传教育取得了一定成果；另一方面，传承与弘扬大别山精神的形式和方法也存在一些问题。

1. 大别山精神传承与弘扬的主要形式为学校教育和影视剧宣传，形式不够丰富

首先，从年龄维度考量，我们可以清楚地看到年龄是影响群众了解大别山精神途径的重要因素，不同年龄段的人了解大别山精神的途径呈现出各自不同的特征。55及55岁以下的人们了解大别山精神的途径主要是学校教育，其次是影视剧宣传，阅读书籍报刊、网络媒体、亲友口述、到革命遗址参观学习等途径，占比很少，而55岁以上的群众主要是通过影视剧来了解大别山精神。从总体上看，大别山精神传承与弘扬的途径主要集中于学校教育和影视剧宣传，这一结果与我们在当地的所听所见所闻亦相符合。在当地两所中学里，我们都可以看到醒目的大别山精神宣传标语，我们走访的教师们也表示老师们会在课堂上对学生进行大别山精神的教育。

其次，从职业维度考量，大别山精神传承与弘扬的途径亦表现出明显的职业区别。从事商业经营、事业单位工作的群众以及学生接受大别山精神教育的途径明显集中在学校教育，务农、务工人员则主要通过影视剧宣传来了解大别山精神，阅读书籍报刊、网络媒体、亲友口述、到革命遗址参观学习等途径在所有性质职业人群中占比都不高。在职业的影响因素上，学校教育依然是传承与弘扬大别山精神的强有力平台。

最后，从受教育程度维度考量，大别山精神传承与弘扬形式的这种集中化趋向就更严重了。学校教育基本上占据了一半的比例，而且中学教育（包括初中与高中）在大别山精神传承与弘扬中占比最高，能看出当地初高中在学生对大别山精神的学习上下了很大功夫，红安一中甚至将“朴诚勇毅，不胜不休”的大别山精神当作校训，并且学校也会组织一些社会体验活动对学生进行大别山精神的宣传、教育。另外红安当地相关部门也积极编写本土教材，发放给各级中小学校，对中小学生进行红色革命传统和大别山精神教育。这些做法一方面是对大别山精神的传承与弘扬，收到了良好的效果，另一方面也体现出大别山精神的宣传过度依赖学校教育，在其他形式和途径上发力不足。

综上所述，大别山精神在传承与弘扬的形式上显得过于单一，偏重于学校教育，影视剧宣传也有所侧重，其他的宣传形式却十分不足，采取多样化的宣传形式是传承与弘扬大别山精神的应有之义。

3. *大别山精神传承与弘扬的方法创新不够，网络宣传力度不足*

在传承与弘扬大别山精神的途径上，不仅显现出形式单一的问题，还存在方法陈旧的短板。大别山精神在传承与弘扬的方法方面创新不够，网络宣传力度不足。有创新才有出路，才有发展，方法的陈旧将会大大限制大别山精神的传承与弘扬。

通过组织人们到革命遗址参观学习来进行大别山精神教育是一种很好的方式，但是到现场参观革命遗址的方式学习大别山精神的人群主要是从事事业工作的群体，而且也主要是经单位安排统一来红安的革命遗址学习，少见有自觉、主动的游客来此参观。红安的红色旅游景点多以展览馆、纪念馆等形式向游客开放，形式有些单调，难以调动人们参观的兴趣。因此不少人认为红安红色资源的开发不具特色，未能很好地与当地的自然资源、风土人情相结合，削弱了其经济价值和红色资源的利用价值，与其他地方的红色景区开发方式趋同，缺乏新意，难以吸引游客自发地来此参观学习，加之道路等基础设施不完善，到革命遗址参观学习的方式未能发挥出应有的效用。

同时，我们发现近年来在社会各界的努力和支持下，关于红安革命历史和英雄的书籍出版了不少，如《黄麻起义》《黄安战役》《红安革命史》《红安开国将军》《红安烈士传》《孙玉清传》《董必武传》等。但是我们的调查数据显示，任何年龄段、任何职业、任何受教育程度的人群，通过阅读书籍、报刊的方式来了解、学习大别山精神的比例都不高，这些书籍、报刊没有做到"物尽其用。"

当今时代是一个互联网时代，网络媒体具有信息含量大、传播速度快、接受人群广等优势，大别山精神要传承、要弘扬就必须充分地利用网络媒体的优势。通过调查研究得知，存在一些表现红安革命历史和英雄事迹的影视作品，但大别山精神的对外输出还存在一定的不足。如以红安籍王近山将军为原型所创作的电视剧《亮剑》，在中国可谓是家喻户晓、百看不厌，网络评分也一直居于战争题材电视剧之首。但是大多数人对《亮剑》故事的背景缺少了解，很多人并不知道到李云龙的原型人物是红安的，没有很好地起到宣传红安的作用，传播大别山精神的效果也就大打折扣了。因此在利用网络等新媒体时，要注重与大别山精神相关联，只有这样才能更好地发挥网络等新媒体在传承与弘扬大别山精神中的重大作用。

五、传承与弘扬大别山精神的对策分析

关于大别山精神的传承与弘扬，通过调查问卷的数据统计发现，在宣传上还存在一些问题。比如宣传形式单一，导致务工务农人员对于大别山精神的了解程度还不够，同时宣传方法陈旧，很难与中青年接轨，导致大别山精神的传承与弘扬出现断层。在中国特色社会主义进入新时代的新形势下，我们更应该加大红色文化的宣传力度，提高文化自信。大别山精神作为红色文化中浓墨重彩的一笔，需要我们在不断提高对大别山精神宣传工作重要性的认识的同时，针对大别山精神宣传工作中存在的问题，更新观念，采取有效措施，更好地传承和弘扬大别山精神。

（一）改变单一的宣传形式，构建全方位、多样化的宣传新模式

当今世界网络技术高度发达，新型媒体层出不穷，互联网技术的不断创新要求文化宣传工作要与时俱进，紧紧把握住信息传播技术发展的脉搏。我们要顺应互联网的发展创新趋势，把握各种类型网络媒介的特性，采取灵活多样的信息传播策略，运用有针对性的方式实现文化的传承与弘扬。为了使大别山精神弘扬与传承的宣传方法跟上时代步伐，我们必须改变单一宣传形式，了解大别山精神不应该只单靠学校教育这种简单的说教与灌输形式，应该不断与时俱进，整合各方宣传资源，创新宣传方式，拓宽宣传渠道，组成以主流媒体为核心的大别山精神宣传网络队伍。

要充分利用网络媒体、电视、电台、报刊、杂志等不同宣传载体，全

力打造立体化、层次化、新颖化、全方位、多渠道的红色文化宣传新模式。根据调查问卷的数据统计结果，调查者普遍认为当代红色影视剧对于宣传大别山精神的作用很大，这就需要我们加大对红色影视剧的宣传和普及力度，多形式地让人民亲身感受大别山精神带给人的精神力量。此外，还可以根据红色影视剧里出现的红色遗迹，去搜寻红色资料，寻找本地区的特色的红色革命遗址，让人们在体验之余加深对于大别山精神的了解。针对小学生，可以制作易于被孩子接受的反映大别山精神的动画片，多讲一些适合他们听的红色英雄小故事，让学生们在快乐中学习、了解红安县红色文化和大别山精神，再者可以举办红色读书日的活动，让人们在阅读中感受当时的热血与激情，达到大别山精神感染人的作用，从而更好地传承和弘扬大别山精神。

（二）转变宣传滞后观念，创新宣传方法，加强互联网的宣传力度

更新观念就是用新的理念、新的思路、新的方法指导实践，破解难题，敢于创新来谋求突破，促进发展。在新形势下，我们要牢固树立宣传意识，时刻从建设中国特色社会主义文化强国的高度，充分认识到大别山精神传承与弘扬的紧迫性。

调查者对于大别山精神的了解较少，特别是中老年阶段的受教育程度低的务工务农者，他们对于大别山精神的内容、作用、影响都知之甚少，我们更应该通过各种途径和方法，更新他们的观念，这其中最重要的就是在宣传方法上进行创新。我们要强化大别山精神传承与弘扬的重要性。在这一方面上，就需要我们用新的宣传方法进行舆论宣传，举办一些和大别山精神有关的红色文化活动。首先，举办社区活动就是一个很好的宣传方法，有关部门和机构可以利用红色电影、电视剧多举办一些有关红安红色文化和大别山精神的文化活动，让红安红色文化和大别山精神走进农村和社区，走进人民大众的心中，让大别山精神融入人民的生活，丰富人民的生活。其次，宣传方法需要与时俱进，不能再用陈旧的方法去进行大别山精神的宣传，这样只会让大别山精神成为被束之高阁的抽象产物。人与人的口述和宣传就是一个很有效的宣传方法，这样就能让大别山精神更加具有亲和力，更能实现大别山精神的意义，能提醒人们勿忘历史、珍惜当下，为建设社会主义发奋图强，同时更能体会大别山精神的文化内涵，为中国的发展提供精神支柱。同时政府也要加大对大别山精神的宣传力度，这样可以推动红色旅游文化产业的发展壮大，推动经济社会发展。

（三）传承方式贴近生活实际，使大别山精神融入到人们的日常生活中

通过调查问卷可以发现，从事商业经营和务工务农的人们大部分对传承与弘扬大别山精神的活动参与积极性较高，因此针对大别山精神的宣传方式要贴近人们的生活实际。比如，可以举办一些群众喜闻乐见的文艺晚会活动，并鼓励人们参加到节目表演中，激发他们的参与热情。村民和居民通过参加此类文艺晚会的相关活动，切实把握和了解大别山精神的实质和内涵，在实践活动中体会这种精神的传承。此外，也可以通过举办一些关于大别山精神的展览活动，让人们真实地接触到革命文化，参与到革命文化的传承中。

（四）树立传承与弘扬大别山精神的正面典型，做好口述历史的宣传推广

寻找关于传承与弘扬大别山精神的正面典型，充分利用互联网，针对典型人物和典型事例，构建“红色精神”的网络文化网站，积极传播红色文化。注重开发设计，既要有时代特点，又有感染力。大众媒体包括新兴媒体也应积极参与，充分发挥视觉传播的优势，采用现代信息技术，拓展大别山精神的传播途径，达到最佳的传播效果，为弘扬大别山精神的精品力作宣传造势。同时，鼓励传承与弘扬大别山精神的正面典型宣讲自己的经历，用自身的实例感染到身边的人，激励更多的人参与到传承大别山精神的实际活动中。

邀请一些革命老前辈讲述关于参加革命的亲身经验，做好口述历史的宣传推广。加强人们对红安革命文化的了解，深化人们对大别山精神的认识。革命老前辈有丰富的阅历和参加革命的深刻感受，他们是革命的见证者和参与者，通过他们讲述自身的经历，用现代技术将其记忆保存下来，可以使人们感受到现在美好生活的来之不易，更积极主动地去践行大别山精神，更好地传承大别山精神。

（五）加强大别山红色资源的全面开发

作为鄂豫皖革命根据地的中心、三支红军主力部队的诞生地，红安县的红色文化资源非常丰富。红安不仅有着数量众多的诸如革命遗址和纪念场馆等物质形态的文化资源，还有红色歌谣、戏剧等艺术形态的文化资源，以及党建、法治、纪律、军事等多方面的革命传统资源。大力传承大别山精神，要加强红安红色资源的全面开发。

首先，要加大对各种革命文物、历史资料的搜集整理力度。除了调查历史文物现状、搜集散失在民间的文物外，还应对现有的革命遗址、革命文物，进行全面系统的调查、征集、抢救、修复和保护。通过实地调查与档案资料、图书资料、报刊资料、口述资料等互证的方法，可以挖掘、整理出大量档案资料、文献资料、图片资料，为进一步开展研究打下更加坚实的基础。而且，要进行文物征集，特别是散失在民间的、没有发现的，能征集回来都应征集回来，征集不回来的要如实填表、汇报。此外，也要做好保护，做好革命文物的登记、注册、入藏和保管。重视发展红色旅游，在旅游规划中把这些革命文物连点成线、连线成片，使红色旅游产生规模效应、品牌效应，有力地保护革命文物资料。

其次，全面修缮各种革命纪念馆、展览馆等革命遗迹。仅从物质形态资源来看，红安县国家级爱国主义教育基地有74个，国家级文物保护单位有39个，省级文物保护单位20个，县级文物保护单位90个，未定保护级别的108个。这些文物的类别涵盖重要历史事件和重要机构旧址95个，重要历史事件及人物活动纪念地90个，革命领导人故居2个，烈士墓（含烈士墓群）37个，纪念设施29个，其他遗址4个。加强红色纪念馆、展览馆的修缮，把红色景点连成一片，开发成新的旅游线路，采用现代化的展览手段和丰富的表现形式，刻画中国共产党人以及革命先驱的光辉业绩，融纪念性、历史性、教育性、艺术性和观赏性为一体。

总之，关于大别山精神传承和弘扬的途径问题上，我们应该利用网络新媒体，创新宣传方法，同时，多形式、多样化地对于大别山精神加以宣传，这样才能在根本上取得宣传效果。此次调研，让我们感受到了大别山精神的强大生命力，虽然在现状以及宣传途径上存在一些问题，但相信通过一系列整改措施，一定能够让大别山精神发扬光大，让大别山精神更好地被传承和弘扬。

参考资料：

[1] 陈国全，熊峰. 寻根铸魂，积聚前行之力 [N]. 解放军报，2015-10-25 (007).

[2] 董晔. 红安精神视阈下的人民军队战斗精神 [J]. 科教文汇（上旬刊），2009 (02): 222.

[3] 段欣荣，李磊，张东波. “将军县”里的“红军传人” [N]. 科技

日报，2015-11-24（009）.

［4］江昱婧. 追寻红色足迹　传承红色基因［J］. 世纪行，2016（06）：48.

［5］雷伟. 感受红安精神 再谱时代新曲［N］. 黄冈日报，2011-10-24（003）.

［6］李微. 朴诚勇毅干事业 不胜不休写华章［N］. 中国劳动保障报，2016-09-30（002）.

［7］李阳阳，刘襄生，黄俊德. 红安精神对高校思想政治教育工作的启示［J］. 湖北经济学院学报（人文社会科学版），2018，15（02）：138-139.

［8］辛文. 以红安精神推动绿色发展［N］. 湖北日报，2013-06-17（001）.

［9］熊孝平. 学习弘扬红安精神 推进全面从严治党［N］. 鄂州日报，2015-07-20（001）.

［10］余学武. 发扬红安精神 争做改革实干家［N］. 黄冈日报，2017-08-07（004）.

［11］翟兴波. 弘扬红安精神 推动科学发展［N］. 湖北日报，2011-12-15（002）.

［12］周海涛，周辉，刘念涛. 表彰贤内助 激励建功业［N］. 战士报，2009-06-30（003）.

［13］邹秋生. 践行当代革命军人核心价值观积极投身“海西”建设作贡献［N］. 三明日报，2009-08-29（A01）.

指导老师：严世雄

团队队长：李孟燕

团队成员：贯山三、李　文、梁沟香、彭聪聪、姚艳萍、朱小静

附录1

大别山精神传承与弘扬的现状调查问卷

您好，我们是中国地质大学（武汉）马克思主义学院硕士研究生，想

邀请您用几分钟时间帮忙填答这份问卷。本问卷实行匿名制，所有数据只用于统计分析，请您放心填写。题目选项无对错之分，请您按自己的实际情况填写。谢谢您的帮助！

您的年龄是。

A. 18岁以下　B. 18岁—35岁　C. 36岁—55岁

D. 55岁以上

您的职业是。

A. 务工务农　B. 从事商业经营　C. 从事事业工作

D. 学生

您的受教育程度是。

A. 小学　B. 中学　C. 大学　D. 研究生及以上

您了解黄麻起义吗？（多选）

A. 不了解　B. 知道黄麻起义的具体时间

C. 知道黄麻起义的主要任务

D. 知道黄麻起义的事件经过

E. 知道黄麻起义的历史意义

F. 其他相关知识

您对大别山精神的了解程度是。

A. 非常了解　B. 比较了解　C. 一般了解　D. 不了解

您是通过何种途径了解大别山精神的？（多选）

A. 学校教育　B. 阅读书籍报刊　C. 影视剧宣传

D. 网络媒体　E. 亲友口述　F. 到红色革命遗址参观学习

您所了解的大别山精神的内涵有哪些？（多选）

A. 万众一心，为党为民　B. 朴诚勇毅，不胜不休

C. 艰苦朴素，求真务实　D. “一要三不要”“一图两不图”

您觉得当代社会还需要传承与弘扬大别山精神吗？

A 很需要，它是中华民族宝贵的精神财富

B. 无所谓

C. 不需要，已经过时

您认为传承与弘扬大别山精神的意义在于。（多选）

A. 提醒人们勿忘历史，更珍惜当下，为建设社会主义发奋图强

B. 使人们体会红色文化的内涵，为中国的发展提供精神支柱

C. 刺激文化产业的发展壮大，推动经济社会发展

D. 增强民族凝聚力，营造和谐氛围，增强社会稳定性

如果有大别山精神宣传、教育活动，您是否愿意参加？

A. 愿意参加　B. 视情况而定　C. 不愿参加

大别山精神对您的学习和生活是否起到过积极作用？

A. 总是　B. 经常　C. 有时　D. 完全没有

您参观红色旅游地的主要目的是。

A. 学习革命精神，增强爱国主义情怀　B. 丰富阅历，开阔眼界

C. 缅怀先烈，了解革命历史　D. 欣赏风景　E. 其他

当你发现红色革命遗址遭到破坏时，您的态度是。

A. 气愤并阻止　B. 惋惜但无能为力　C. 无所谓

D. 我就有破坏过

《铁血红安》中体现的革命精神对您的影响如何？

A. 很大　B. 较大　C. 较小　D. 没有影响

您对董必武、李先念、徐向前等革命前辈的事迹和精神熟悉程度如何？

A. 很熟悉，影响很大　B. 较为熟悉，影响较大

C. 不太熟悉，影响不大　D. 不熟悉，没影响

您觉得当代红色影视剧对宣传大别山精神的作用如何？

A. 非常大　B. 很大　C. 一般　D. 没有影响

您对于大别山精神的传承与弘扬有什么建议？

____

____

附录 2

大别山精神传承与弘扬的访谈提纲及访谈记录

1. 当地群众访谈问题及记录

时间：7 月 11 日下午

地点：烈士陵园

问：您能跟我们聊聊黄麻起义和红安历史吗？

答：说起红安，那就有道不完的历史和故事。其实，红安之前叫黄安，你们都知道红安是著名的“将军县”。在1931年，红四方面军在黄安军民的积极配合下攻克黄安县城，取得了黄安战役的胜利。为了纪念黄安战役的伟大胜利和表扬黄安人民的革命斗争精神，就将黄安县改名为红安县。1927年，黄安起义爆发，黄安起义是在南昌起义和秋收起义之后，爆发的大规模的武装起义。黄麻起义的成功离不开黄安人民的响应和支持，那时候没有正规军参与，是黄安的普通民众的积极拥护点燃了大别山区武装革命的烈火，红安这个地方是重要的革命根据地。可以说红安的历史就是红色的历史，现在都在讲红色基因、红色记忆，那就得从我们红安讲起，从红安学起。

问：您是怎样理解大别山精神的？

答：我们经常说的红安精神，就是大别山精神，我们红安人将其归纳为“一要三不要”（要革命，不要钱、不要家、不要命）和“一图两不图”（图贡献、不图名、不图利）。这是革命先辈留下来的宝贵精神财富，为了革命、为了祖国和人民，他们不惜牺牲自己的一切，舍身起义，无私奉献，这就是大别山精神，这就是浩然正气。“朴诚勇毅、不胜不休”也是我们的大别山精神，简朴、诚实、勇敢、坚毅，参加革命不取得胜利誓不罢休。在革命时期，先辈们浴血奋战，不屈不挠，红安人民在艰苦卓绝的革命斗争中创造了奇迹，没有他们就没有我们现在的幸福生活。革命历史不能忘，大别山精神不能丢。

问：当地是怎样宣传与弘扬大别山精神的？

答：红安近几年来发展迅速，当前政府对大别山精神、红色文化越来越重视，当地有很多革命遗迹遗址和纪念场馆，都已成为重要的革命历史教育基地，每年都有很多人过来参观学习。还出版了很多关于红安革命历史和英雄的书籍，有《黄麻起义》《黄安战役》《红安革命史》，制作了以大别山革命斗争历史为题材的影视剧、纪录片，比如《黄麻惊雷》《铁血红安》等。这些都是我们老百姓喜欢的方式和形式，我们当地居民大部分对红安革命历史和革命英雄都很了解，这样使得大别山精神在民间得以广泛传播，效果甚好。

2. 红安县政府党史办工作人员访谈问题及记录

时间：2019年7月12日

地点：红安县政府

问：您能聊聊黄麻起义和红安历史吗？

答："小小黄安，人人好汉；铜锣一响，四十八万；男将打仗，女将送饭。"这是我们这里的革命歌谣。红安原名黄安，是"朴诚勇毅，不胜不休"的"第一将军县"。在大别山南麓，黄麻起义烈士陵园内，躺着14万英雄儿女，这是一段感人肺腑的革命历史。他们高声歌唱着"一颗红心拿不去，头断血流不投降"后纷纷倒在了这片红土地上。我作为一名研究党史的公职人员，觉得很骄傲也很自豪，在研究过程中我不断熟悉红安的历史和文化，并深受其感染。

问：您对大别山精神、红安革命文化怎么理解？

答："大别山里出好汉，生就骨头似铁坚。"从红安走出一位又一位将军，他们视死如归，带领人们走向革命的胜利。红安好像有着某种魔力，诞生了无数英雄，而且，红安人是十分坚定的，他们世世代代都伴着大别山精神。习近平总书记指出，要不忘初心、继续前进。现在的全球化让各种各样的文化交融，很多事物都出现了多样化的趋势，界线也渐渐模糊了，年轻一代能有坚定的理想与信仰是十分可贵的，红安人让红安显得更"红"。

问：您对当地宣传和弘扬大别山精神有什么看法？

答：在市场经济大潮冲击下，红安人头脑是清醒的。红安人说，赚钱不能忘了革命精神。虽然生活不算富裕，但政府舍得在精神文明建设方面投资。融教育和旅游于一体的"中国长征之路民俗文化旅游度假区"正在建设中，装帧精美的画册《中国将军县——红安》已与读者见面，电视连续剧《将魂》已在中央电视台黄金时间播出，60万字的《中国第一将军县》即将出版等，这都是我们为弘扬大别山精神所做的努力。

一个没有英雄、不崇尚英雄的民族是没有希望的。大别山精神的发扬光大，无疑是红安经济社会发展的希望所在，我们热切地期待着红安新的腾飞。

3. 红安县第一中学政治教师访谈问题及记录

时间：7月11日上午

地点：红安一中

问：您能跟我们聊聊黄麻起义和红安历史吗？

答：我作为一名政治教师，特别是在红安当地，对于黄麻起义和有红安的历史是再清楚不过了。我就简单地说一说：黄麻起义大家应该都不陌生，在历史书上都有提到过，时间是在1927年11月13日，地点就是我们现在的红安、麻城，当时大概有上万名农民自卫军攻打黄安县城，在历史上打响了鄂豫皖地区武装反抗国民党右派的第一枪，正式成立了黄安农民政府，组建了工农革命军鄂东军，不过这都是书上的话了。红安是有名的"将军县"，在这个县城里出现了许多的将军，现在的红安，在当时还叫黄安，可以说是一直进行着武装斗争，"二十八年红旗不倒"说得一点也不违和。

问：您是怎样理解大别山精神的?

答：大别山精神的内核之一就是红安精神。红安精神就是我们红安一中的校训，我们学校就处处标示着关于红安精神的内容，红安精神就是"一要三不要"（要革命，不要钱、不要家、不要命）和"一图两不图"（图贡献、不图名、不图利），当然"朴诚勇毅、不胜不休"也是我们的红安精神。这些都是字面上的意思，也比较通俗化，学生们一定都能理解。不过在这里我确实还是要感叹一下，以前红安的革命先辈们浴血奋战，在那么艰苦的环境下还能有这么无私的精神，这种不怕牺牲的精神，确实值得我们学习和发扬。

问：当地是怎样进行大别山精神的宣传与弘扬的?

答：其实说句老实话，我作为一名红安县的老教师，确实觉得大别山精神的宣传和弘扬还是做得不错的，这点是我亲身感受的。政府在这方面下了很大的功夫，当地革命遗迹遗址和纪念场馆都是免费参观，而且社区也会开展很多关于大别山精神的宣传活动，在红安，基本没有人不知道大别山精神的，这样的宣传标语不只在学校可见，在其他地方也随处可见。还有就是通过书籍和影视剧的宣传，让大别山精神被更多的人知道。

第五专题 关于红安红色基因传承现状的调查研究

2014年4月29日下午，习近平总书记参观了新疆军区某红军师史馆后提出要把红色基因融入官兵血脉，让红色基因代代相传。2016年2月2日习近平总书记在江西瞻仰井冈山革命烈士陵园时指出，我们要向革命先烈表示崇高的敬意，我们永远怀念他们、牢记他们，传承好他们的红色基因。红安红色基因是红安人民在中国共产党的领导下，在长期的艰苦卓绝的革命斗争中形成的体现中国共产党的价值观的思想和行为、品质与精神的凝练，也是中国共产党红色基因的重要体现。本次社会调查将以红安为试点，主要通过对红安红色基因“继”与“承”的践行路径做相关研究，并就如何在实践中践行等问题力争提出具体可行的建议，以此将红安的红色基因传承经验推广到我国更多的红色文化基地，切实践行“把红色资源利用好，把红色传统发扬好，把红色基因传承好”，让红色江山永葆传统底色。

一、选题的背景和意义

（一）研究背景

红色基因是一种革命精神的传承。红色，象征光明，凝聚力量和引领未来。瑞金、井冈山、遵义、延安、西柏坡，无一例外因为“红色”而书写了历史。“红色基因”是中国共产党人的精神内核，是中华民族的精神纽带。“红色基因”孕育了永放光芒的井冈山精神、大别山精神、抗美援朝精神、抗洪精神、抗震救灾精神、载人航天精神、脱贫攻坚精神等，鼓舞着一代又一代中华儿女为了中华民族的伟大复兴而坚强自立、坚持梦想、勇往直前。纵观中共革命精神史，从红船精神到西柏坡精神，这些革命精神都是中国共产党优良传统和作风的集中体现，都是党在奋斗历史过程中积累的最宝贵的精神财富。它们一脉相承，在历史发展的不同阶段树起了一座座丰碑，在中国共产党的历史上形成了完整的精神序列，在中华儿女的血脉中注入了生生不息的红色基因。

随着我国的中国特色社会主义事业进入新时代，我国正日益走近世界舞台的中央，比历史上任何时候都更加接近“国家富强、民族振兴、人民幸福”的中国梦的现实。在这个新时代，中国特色社会主义事业不仅面对着世界格局的重大调整、中西方帝国主义国家的各种遏制和制造的各种威胁，而且还面对着来自国内利益格局分化带来的各种问题和挑战，以及经济社会发展和自然环境变化带来的各种风险。我国的社会主义现代化建设和中国梦的实现是一项前无古人的伟大事业，伟大的事业需要伟大的精神作支撑。中国共产党团结和领导全国各族人民在新民主主义革命实践中创造的革命文化及其孕育的革命精神，是中华民族的宝贵精神财富，能够源源不断地提供精神的养分，成为激励人们追求理想和信仰的动力，也是引领与促进健康向上的价值导向和社会道德风尚形成的重要源泉。时代变迁，精神永恒。红色基因被一代代接续传承，展现出其巨大的真理价值、恒久魅力。

（二）研究意义

第一，了解革命历史，调查红安的红色基因传承的总体现状。对民众红色基因的传承教育，尤其是将红色基因的传承教育纳入学生思想政治素质教育中的理论与实践探讨是与时俱进的命题。此次专题研究通过问卷调查、集体座谈、个别访谈、文献数据分析等方法，旨在比较系统地具体了解红安县在历史与时代的变化中，对于革命先辈的红色基因的继承与发扬状况，并初步探讨将红色基因传承引入到大学生群体政治素质培养过程当中，唤醒其红色基因意识，让大学生通过学历史了解到党的初心与使命，并担当起民族复兴大任。

第二，分析红色基因传承过程中呈现的特点并把握已有的经验与问题。通过调查研究，分析红安县在传承与发扬红色基因方面呈现出的时代特点，根据调研结果，针对性地把握在红色基因传承过程中形成的经验方法以及设计解决存在的问题的方法。

第三，探讨红安革命老区红色基因传承机制，并提出有针对性的建设性对策建议。通过此次调查研究，分析探讨制约红色基因传承的因素以及遇到的瓶颈，根据调研结果提出有针对性的改进建议。

第四，通过调研，让团队深入红安革命历史，成为讲好红安故事的宣传队，把红安故事带出红安，让更多人从红安历史中感受大别山精神，将红安的红色基因传承下去。通过讲好历史将红色基因作为担当当代乃至未来复兴大任的精神支柱，激发青年一代的历史使命感。

二、红安红色基因传承的总体状况及差异性原因分析

（一）关于红安"红色基因"的界定

红色基因是一种革命精神的传承。红色，象征光明，凝聚力量和引领未来。"红色基因"是中国共产党人的精神内核，是中华民族的精神纽带。红色基因内容主要包括以下几点：革命理想高于天的坚定信念；永远听党话跟党走的不变军魂；一不怕苦二不怕死的战斗精神；高度自觉严格的革命纪律；独立自主探索创新的思想品质；全心全意为人民服务的根本宗旨。孕育在红安红色文化中的红色基因是具体外化表现的大别山精神。

第一，大别山精神是马克思主义的中国化、时代化、大众化的表现。马克思主义时代化有双重含义即广义和狭义。广义的马克思主义时代化，是指把马克思主义与时代特征结合起来，使之紧跟时代步伐、不断吸收新的时代内容、科学回答时代课题。狭义的马克思主义时代化，是指马克思主义中国化进程中的"时代化"，是指马克思主义在与中国国情相结合的基础上，在全球化的时代背景下，在理论和实践上正确回答和应对中国与世界、现实与未来的一系列重大理论和实践问题，并在此基础上不断彰显马克思主义中国化的世界意义的历史进程。马克思主义中国化就是将马克思主义基本原理同中国具体实际相结合，不断形成具有中国特色的马克思主义理论成果并运用于实践的过程。具体地说，就是把马克思主义基本原理同中国革命、建设和改革的实践结合起来，同中国的优秀历史传统和优秀文化结合起来，既坚持马克思主义，又发展马克思主义。"大别山精神"正是中国共产党领导人民群众在马克思主义指导下奋起斗争，推翻反动统治，建立新政权的具体实例。"红安故事"作为"红色基因"形成与发展的典型事例，可以清楚阐释马克思主义具体问题具体分析、认识世界和改造世界的活的灵魂。

马克思主义大众化也有两重定义。在狭义上，它是指中国特色社会主义理论体系的大众化；从广义来理解，它是指在当代中国条件下推动马克思主义大众化，当前在我国，马克思主义大众化的第一要务是要广泛开展中国特色社会主义理论体系的普及宣传活动，也就是使中国特色社会主义

理论体系大众化。其实质就是要使当代中国马克思融入到国民教育和中国特色社会主义文化建设的整个过程中，把我们党的理论创新成果与广大人民群众的生活实践密切联系，使当代中国马克思主义真正成为广大民众共同的理想信念和精神支撑。就此而言，大别山精神一旦成为人民大众的精神支柱，就不仅能在曾经的历史中产生改天换地的力量，还能在新时代中国特色社会主义现代国家建设和改革开放中化为巨大的能量。

第二，不忘初心，牢记使命。弘扬大别山精神、传承红色基因，就是要不忘初心、牢记使命，就要永远与人民同呼吸、共命运、心连心。青年一代就要永远把人民对美好生活的向往作为奋斗目标，以永不懈怠的精神状态和一往无前的奋斗姿态，继续朝着实现中华民族伟大复兴的宏伟目标奋勇前进。

（二）被调查对象的基本情况

本次调查主要采取访谈和自填式问卷方式开展调查，以及通过文献分析法，搜集、鉴别、整理红安县档案馆文献，并通过对收集到的文献资料进行纵横联系的思考、整合、研究，努力形成对红安红色文化传承现状调研的科学认识。我们在拟定调查主题后，迅速开始问卷和访谈问题设计，小组成员集体讨论，明确本次调查的目的和意义。在此基础上，约定访谈对象，开始实地调研，面向红安县群众发放问卷，并在问卷回收后开始调查报告的撰写。

1. 访谈对象的基本情况

本次调研团队成员分为四小组，利用四天时间参观了红安县革命博物馆、黄麻起义和鄂豫皖苏区革命烈士陵园、董必武纪念馆、李先念纪念馆和七里坪革命遗址等地。调研过程注重充分了解红安的历史、革命事迹和大别山精神。调研期间，我们访谈了各界人士 16 人，其中，纪念场馆工作人员 1 人，学生 4 人，各年龄段的人民群众 11 人。作为此次调研走访的重点，团队 2 名成员走访了曾担任红安县委宣传部副部长，现已 78 岁高龄的胡耿先生。他是一名老党员、老干部，也是潜心研究红安县史、党史、军史和革命史的专家学者，曾主编《红安县地名志》等。他撰写的《对黄麻起义几个重要历史史实的考证》论文，荣获“共和国重大前沿理论成果创新”特等奖。胡耿先生多年致力于红色文化宣传教育。他先后到全国 20 多个省、区、市义务做革命传统报告达 3000 场，直接听众达 180 余万人次。北京大学授予他“灵魂工程师”，海军工程大学称他“师魂”。他先后被评为"全国关心下一代先进工作者""全国离休干部先进个人"。对于弘扬大别山精神，传承红色基因的工作，他有丰富的经验和独到的见解。通过对胡耿先生和其他人员的访谈，我们充分收集了弘扬大别山精神，传承红色基因的工作开展的第一手资料，并对这些材料进行了具体分析，从中找寻红安红色基因的传承教育现状以及背后存在的问题。

2. 问卷调查对象的基本情况

此次调查是以红安县群众为主体，采用多阶段分层抽样方法选取调查对象。具体做法是：前期对红安县具体情况进行调研，选取不同地点，对红安县政府工作人员、学生、教师、普通群众进行发放。

在483份有效问卷中，群众人数最多，为58%，共青团员为32%，中共党员为10%，其中共青团员主要为红安县一中的学生，中共党员主要为红安县政府公务人员。

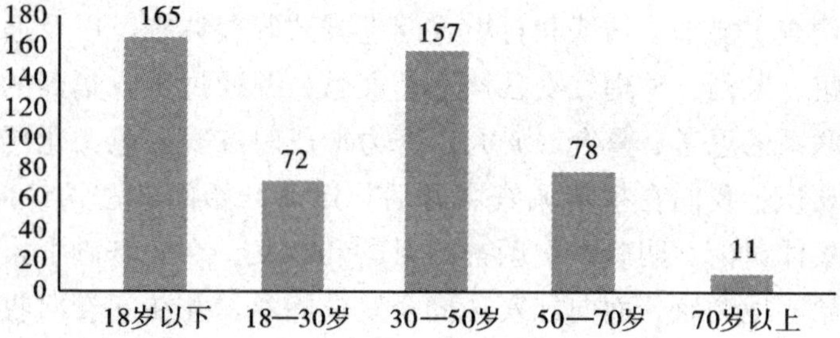

图 5-1 被调查对象的年龄信息

被调查者的年龄分布，图5-1显示，70岁以上，50—70岁，30—50岁，18—30岁，18岁以下，分别为11人，78人，157人，72人，165人。

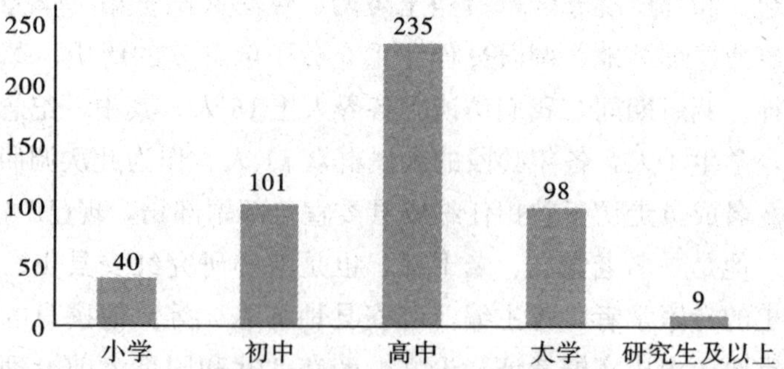

图 5-2 被调查对象的学历信息

从图5-2看出，被调查者以初中、高中学历为主，占全部调查对象的大部分。

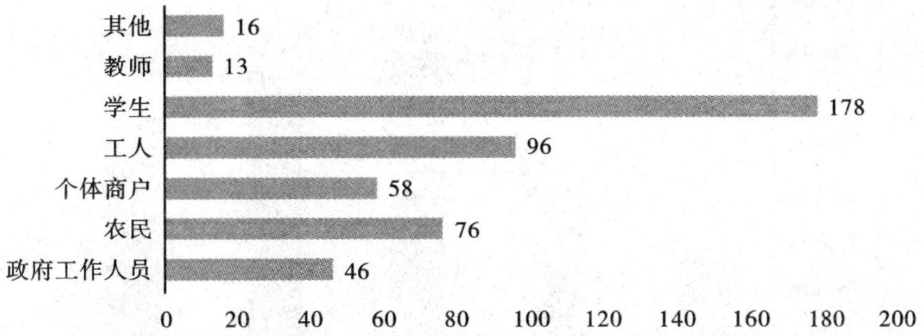

图 5-3　被调查对象的职业信息

从图 5-4 看出，被调查者包括了社会的多个职业，其中数量较多的为学生、工人、农民群体，同时也包括了一部分其他人员如失业者、自由职业者等。

（三）红安县红色基因传承的认知、情感态度和践行的状况及原因分析

1. 认知状况及原因分析

大别山精神认知主要表现为对大别山精神的知晓和了解程度，即对大别山精神传承内容如历史由来、文化内涵、物质载体等方面的了解程度。红安居民对大别山精神的认知情况，是大别山精神能否得以广泛传承的重要前提。为清楚地了解红安居民对红安红色文化和大别山精神的知晓程度，本调查设置了六道题，即"我知道什么是大别山精神""我知道大别山精神的由来""我十分了解红安革命的历史""我知道很多红安开国将军及两位主席的小故事""我能说出很多红安革命时期的民谣""我十分了解红安的革命纪念园及其他革命旧址"。通过对调查数据进行分析整理，我们可以发现红安人民对大别山精神已经具备了一定的了解，但当我们进一步要求对大别山精神比较了解或完全了解的人说出什么是大别山精神时，我们发现了解情况还是不甚乐观。如当我们问到"我十分了解红安革命的历史"时，选择"完全符合"的人占 6.6%，选择"比较符合"或"一般符合"的人占 44.3%，而选择"比较不符合"和"完全不符合"的人则分别占 28.2%和 20.9%。

而关于红安的革命纪念园及其他革命旧址，25.7%的人表示完全了解，34.8%的人表示比较了解，17.2%的人表示一般了解，这些数据都表明红安人民对红安的革命纪念园及其他革命旧址的了解情况比较好。

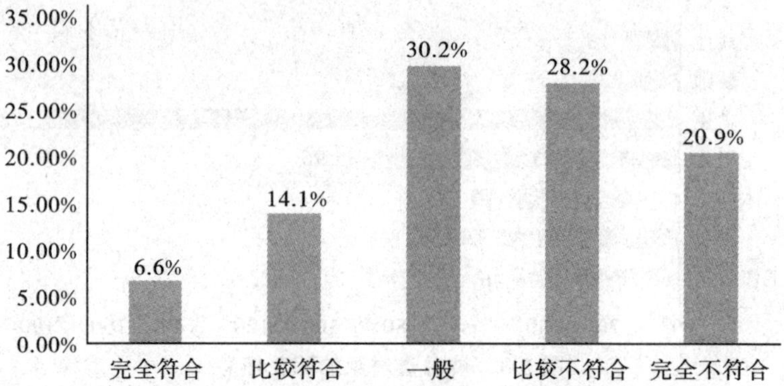

图 5-4 关于红安革命历史的了解程度

表 5-1 关于红安革命遗址的了解程度

问题	你很了解红安县的革命纪念园及其他革命旧址				
选项	完全符合	比较符合	一般	比较不符合	完全不符合
比率（%）	25.7	34.8	17.2	17.6	4.7

从政治面貌差异的视角来看，中共党员表示更了解大别山精神的由来，但在访谈中我们也发现，他们对大别山精神的了解程度和准确度有所欠缺，而群众对大别山精神的由来都不甚了解，甚至都不知道当前大别山精神的具体内容。通过进一步的走访我们了解到造成这种现象的主要原因是对大别山精神的界定不明确，从 20 世纪 60 年代的“一图两不图”“一要二不要”到目前政府主要宣传的“万众一心，紧跟党走，朴诚勇毅，不胜不休”，前后存在十几种界定方式，虽然部分核心精神始终未发生改变，但各种界定的版本之间存在较大差异，因此造成人们对大别山精神的了解存在偏差和模糊。

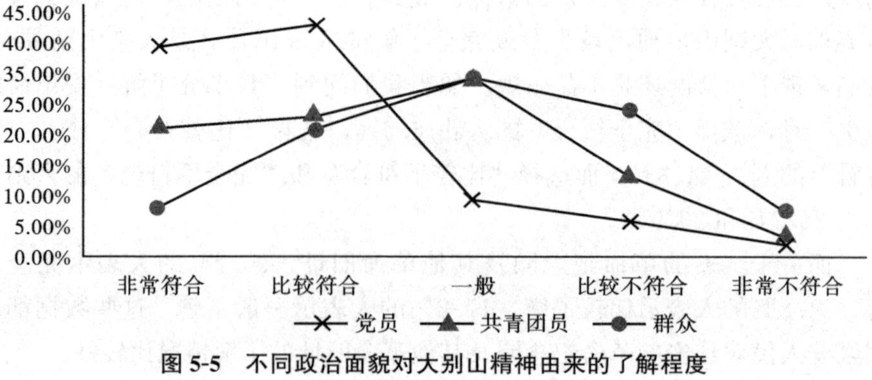

图 5-5 不同政治面貌对大别山精神由来的了解程度

从年龄差异的视角来看，60 岁以上的人对大别山精神的了解程度更高，30 岁以下的青年人则了解不多。而从职业差异的视角来看，鉴于政府工作人员和教师了解红色革命历史的机会更多，因此政府工作人员和教师对红色革命历史的了解更多、更深入。结合访谈我们也注意到，由于政府对大别山精神的宣传范围有限以及学校相关教学资源的欠缺，学生对大别山精神的了解程度相对较低。大别山精神的提出来自红安人民在革命战争年代做出的巨大牺牲，60 岁以上人因父辈的口头讲述革命故事等，对红安革命史更为了解，从而对大别山精神的理解更为深刻，而红安当地的青年相对 60 岁人来说，对红安革命史缺乏了解，因此对大别山精神的感悟较少。政府工作人员经常在干部学院及政府系列培训中对大别山精神、红安革命史进行学习，接触较多，因此对大别山精神认知程度更高。

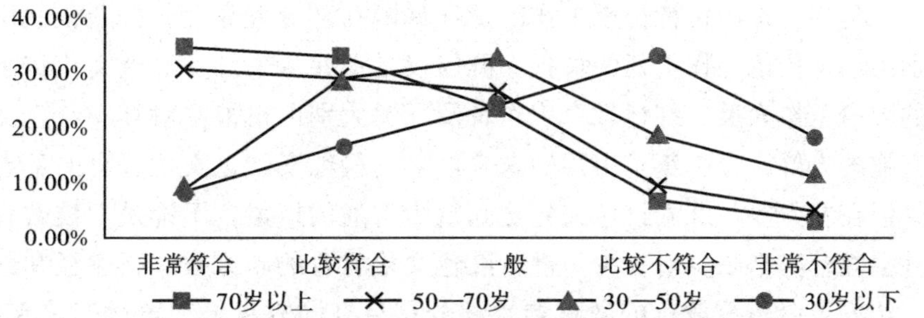

图 5-6 不同年龄对大别山精神由来的了解程度

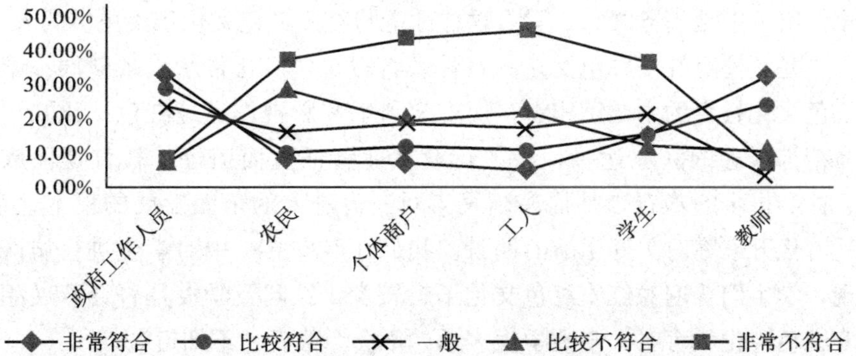

图 5-7 不同职业对红安革命历史的了解程度

关于“红安开国将军及两位主席的小故事”“红安革命时期的民谣”的了解程度，不同受教育程度、是否是红军本人及家属并没有显示出太大的差别。因为两位主席及众多将军的故事、红安民谣产生于革命战争年代，在当时本来就是广大的群众在进行传播，而不是仅限于红军及家属，因此受教育程度等因素不影响红安民众对这些故事、民谣的传播和了解。

经过上述分析，我们可以发现，总体来说红安本地人民对大别山精神的认知情况存在比较明显的差异性，综合访谈结果，我们整理出导致大别山精神认知情况及差异的可能性原因如下：

一是政府及人民缺乏对大别山精神的系统深刻解读。通过对问卷数据的分析我们发现，有81.6%的人表示知道大别山精神的具体内容，但在访谈中我们却注意到，人们对大别山精神的内容定义却不相同，主要集中在“一图两不图”“一要三不要”“万众一心，紧跟党走，朴诚勇毅，不胜不休”三种。因此，政府在弘扬大别山精神的同时，要格外注意对大别山精神表述的统一，同时结合时代精神，对大别山精神做出更深刻的解读，从而让民众真正准确地了解大别山精神。

二是将大别山精神传承工作的责任局限在部分人身上。公众普遍认为大别山精神传承工作责任的负担人群仅仅是那些从事红安红色文化传承工作的政府工作人员、红色教育工作者及了解大别山精神并对红安红色文化感兴趣的人群。青少年是祖国的未来，是进行红安红色文化教育的重点对象，但在青少年与红安红色文化之间缺少沟通的桥梁，不论是学校教育或是社会教育，都缺少对青少年进行红色文化教育的新方式、新途径和新形式。红安革命传统教育的教材绝大部分是从老同志身上“抢救”出来的，对红安革命历史较为了解的也是那一批红安的老同志，及时地将红安红色文化保留下来是当务之急，只有这样才能将红安红色文化传给更多的人。

三是学校对红安红色文化的宣传教育较少，文化传承出现断层。学校是红色文化教育的主要承担者，历史教科书和影视作品是红色文化知识和革命精神观念的获取途径，相关行业从业者任重而道远。教育是民族振兴、社会进步的基石，是提高国民素质、促进人的全面发展的根本途径，寄托着亿万家庭对美好生活的期盼。我们在红安县一中对学生进行访谈时发现，学生们普遍对红安红色文化了解较少，在问及学校是否会开展相关红安红色文化教育时，多数学生表示“不会”或者“不知道”。

四是宣传有限，覆盖面较狭窄，方式较单一。我们在走访调查中发现，当地政府在对红安红色文化的宣传方面做得还很不够。不仅外地人对红安这块革命圣地所知甚少，就连本地人也对自己的红色文化不太了解。在问卷填写过程中我们发现，当地老人比较了解红安红色文化，而当地青年和少年则对红安红色文化知之甚少，绝大多数外地人没有听说过红安这个“将军县”。在调查中我们也发现，红安的红色文化宣传方式欠缺对大众传播规律特别是90后年轻人心理的了解和把握，不能使传播者与受众之间产生“共情”，不能采用受众喜闻乐见的讲述方式，以诗性和艺术性的方式表达，而是单纯地说教，单纯地强调思想宣传，单纯地强调严谨的叙事和逻辑，减弱了传播的感染力和生命力。这些都表明，红安当地政府对红色文化的宣传还存在很大问题，红安红色文化的品牌还没有在全国打响。

2. 情感态度状况及原因分析

情感态度是指我们对外界对象的肯定或否定的评价以及由此引发的情绪情感反应，是一种具有稳定的、深刻的社会意义的感情。例如，人类社会物质文化水平的提高，社会生存环境的改善等都会给人以诸如愉快、满足、幸福感等具有肯定性的情感态度，而凶暴行为、侵略战争等则会使人产生恐怖、忧郁等具有否定性的情感态度。为了解红安居民对于红安红色文化和大别山精神的情感态度，本次调研问卷设置了三道题，即“我认为大别山精神对当代仍具有重要意义”“我愿意主动去了解研究红安的革命历史”“我愿意学习、传承、弘扬大别山精神”。

经调查分析发现，绝大多数红安当地群众表示对大别山精神感到自豪，以身为红安人而感到骄傲，由此我们可以大体判断红安群众对大别山精神的认可度较高。例如问到“你是否认为大别山精神在当代仍具有重要意义?”时，有83.2%的人认为大别山精神在当代仍然具有重要意义，仅有2.3%人认为大别山精神失去了时代价值；当我们问到“是否愿意主动了解研究红安的革命历史?”时，有67.5%的当地群众表示愿意主动学习了解大别山精神，但如果是深入研究则比重大幅下滑，同时，也有20.7%的群众表示并不会主动了解研究大别山精神，认为其与实际生活联系并不密切；在问到“是否愿意学习、传承、弘扬大别山精神?”时，尽管有13.5%表示不会主动学习、传承、弘扬大别山精神，但仍有74.3%的人表示愿意学习、传承、弘扬大别山精神。值得思考的是，我们发现红安人民对大别山精神的高度自豪感与其所表现出来的对大别山精神当代价值的认同感相距甚远。如当我们进一步询问“是否深切感受到大别山精神对当地社会建设的推动作用?”我们发现将近一半的人对大别山精神的推动作用感受不深。

基于调查群体的差异性，我们将调研群体从多个角度进行划分，并与不同的问题开展一对一的数据分析，从中也发现了一些较为典型、突出的问题。

首先，从政治面貌差异的视角来看，中共党员更愿意主动了解研究红安的革命历史，愿意主动传承、弘扬大别山精神，充分发挥大别山精神的当代现实作用，其次是共青团员，而群众的意愿相对最弱。造成这种现象的原因是党员、团员、群众这些不同政治面貌的人群对大别山精神的学习程度不同。党员经常对大别山精神进行学习，且本身思想觉悟较高，因此对大别山精神的当代意义更为了解，认可程度更高。共青团员多数为学生，在学校的思想政治理论相关课程中，也会受到思想教育、道德教育，因此，对大别山精神的认可度也较高。

其次，从年龄差异的视角来看，70 岁以上的绝大多数老年人对大别山精神表示高度的赞扬，深受其父辈革命经历的影响，30—50 岁之间的人通过其社会经历强烈感受到大别山精神对当代社会的推动作用，为此表示高度认可。30 岁以下的青年人，由于其对大别山精神内涵了解较弱，故对大别山精神的认可度相对较差。不同的年龄段距离革命战争年代不同，年龄较高的民众对红安革命史更为了解，认知程度更高，因此对红安革命史的兴趣更高，更愿意去学习红安革命史。

第三，从受教育程度差异的视角来看，大学、研究生及以上的知识分子群体对大别山精神持认可态度，认为有必要学习、传承、弘扬大别山精神。相对来说，中小学生这一群体对大别山精神的感情相对较弱。大学生及研究生等在大学接受过思想道德修养与法律基础、毛泽东思想与中国特色社会主义理论体系概论等思想政治理论课，因此掌握了更多的理论，能够将大别山精神联系实际，对大别山精神的当代意义认可程度更高。

第四，从职业差异的视角来看，政府工作人员、教师与学生对大别山精神的情感态度更偏向认可、赞扬，而农民、工人、个体商户等对大别山精神表现出的情感态度更为平淡。

从上述对红安当地群众情感态度的分析，我们可以从中发现红安群众在整体上呈认同态度，但也存在极少数悲观消极的思想观念，同时，可以发现不同的社会群体之间也存在较大的差异。为此我团队进行了原因分析，认为影响红安群众情感态度的因素主要分为内部和外部两个主要方面。

首先，内部因素是影响红安人民情感态度的根本原因。这是因为，一是大别山精神植根、发源于红安这块红色的土地，来源于红安人民内部，贯穿于红安人民生活的方方面面。红安人民无时无刻不受到大别山精神的熏陶，感受着大别山精神带给他们的影响，并将这种精神在其生活中逐步外化显现，将大别山精神与现实生活完全结合。当代红安人民从小便生活在这浓厚的精神氛围之下，所以对大别山精神有着强烈的认同感、自豪感、归属感。二是红安政府、学校、群众对大别山精神的重视，红安各级党政机关如红安县政府同红安各界人士积极参与到大别山精神的传承当中，为大别山精神能够在当代得以弘扬尽己所能，如政府定期性地组织歌咏活动、举办党史报告会，学校进行红色文化教育等。政府、学校在一定程度上鼓励着红安人民去传承、弘扬大别山精神，对大别山精神的未来发展充满信心，并进一步引导着红安群众去深入学习了解大别山精神。三是教育程度、政治关心度对红安人民的情感态度有较大影响。我们在调查中发现，对大别山精神持积极认可态度的多是对国家政治关心程度较高的知识分子，多数群众都表现出“还好”“差不多”等中性或中性偏上的态度。在受教育程度的对象分析中可以发现，随着学历的降低，人们对大别山精神的情感态度整体上呈下降势。在其他的对象差异分析中，也可以发现，政府工作人员、中共党员等对大别山精神的情感态度与其他人相比显得更为积极。我们认为这在很大程度上受到教育程度、对政治的关心度两个方面的影响。四是维持大别山精神情感态度的中间桥梁的短缺，红安革命传统教育的教材绝大部分是从老同志身上“抢救”出来的，那一批红安的老同志对红安革命历史较为了解，对大别山精神具有坚定而深厚的革命情感，而现今青年人由于对红安红色文化了解较少，对大别山精神的情感态度相比来说较弱。在他们之间缺少红安红色文化传承桥梁，缺少维持大别山精神情感态度的中间桥梁，呈现青黄不接的状态，因而青年对大别山精神的情感态度难以加深。五是红安社会发展现状对大别山精神情感态度起着一定的影响作用。经济决定政治文化，文化影响经济。近年来，红安积极开发旅游业，经济呈迅速发展之势，但红安经济整体上来说较为落后，大别山精神并未像红安群众所想的一样快速推动着红安经济、政治的向前发展，带来生活环境快速的极大的改变，这在一定程度上影响着红安人民对于大别山精神的情感态度。

其次，外部因素是影响红安人民情感态度的重要原因。一是因为红安作为一个“将军县”，国家从革命时期就非常关注这个红色文化区。2010 年

1月24日新华网报道，“中共中央政治局常委、中央书记处书记、国家副主席习近平在湖北省调研。1月23日，习近平到红安县革命老区看望慰问时，与七里坪镇长胜街群众拉家常。”由此，我们可以看出党和国家领导人对该县的高度重视。正因如此，绝大部分红安人民对其身为红安人而感到骄傲，为大别山精神感到自豪。这一来自国家层面的支持与关注，使得红安人民的情感态度总体保持在一个较稳定的高度。二是与时代发展潮流不相适应。随着我国经济社会的发展，在革命年代孕育形成的大别山精神，其内涵也应随着时代的变迁体现出与时俱进的特点。尽管人们将大别山精神的内涵凝练为“万众一心，为党为民，朴诚勇毅，不胜不休”，仍然不能完全适应不同阶层的群众需要，从而导致了一定的传承差异性，有些群体对其认可度相对较高，比如中共党员、政府工作人员，有些则不愿主动了解学习、传承大别山精神，比如青年人、群众这些群体，这与其在社会扮演不同的角色也有很大的关系。三是社会外界对红安精神的了解程度不深，不认可其红色文化的代表性与典型性。红安当地对红安红色文化的宣传力度是极为有限的，这一定程度上导致外界人民对大别山精神的了解程度不深，无论是对其由来、历史，还是如今的内涵都不清楚，甚至对红安红色文化的代表性表示不认同。受这一外部因素的影响，红安内部存在部分群众产生消极情感态度、对大别山精神的社会现实价值表示不赞成的情况。

3. 践行方式现状分析

大别山精神是红安革命先烈用鲜血凝练的内涵深厚的红色革命文化。不同的行为主体对红安红色文化具有其各自较为突出显著的践行方式，在整体上呈现出多样性、多态性。

首先，从政治面貌差异的视角来看，中共党员与共青团员较为显著的践行红安红色文化的方式主要体现在：学习党章党规、学系列讲话、做合格党员，坚持为人民服务，对国家、对我党的忠诚与热爱等。而群众相对来说，其践行方式更多地体现在生活的细小方面，如升国旗时自觉敬礼，时刻保持民族自尊心、民族自信心、民族自豪感，文明游览红色景点，不损害红色遗址、遗物。

其次，从年龄差异的视角来看，60岁以上的老年人从家庭的上一辈人声口相传中了解到红安革命历史，对红安革命历史有更为深刻的理解。所以对于这些老年人，其践行红安红色文化最有价值意义的方式莫过于将其熟知的革命史实传播给广大的青少年，或者是将其陈述出来，经有关人员整理成册，制作革命史读物，供更多的人学习。相比之下，青少年践行红安红色文化的方式便体现在其对红安红色文化的学习了解，积极主动参与到红安红色文化的传承行动之中。

第三，从受教育程度差异的视角来看，知识分子践行红安红色文化的方式较为突出的表现为：在学术上对红安红色文化的内涵、传承现状等进行深入的研究调查，积极为红安红色文化的传承与弘扬建言献策。而受教育程度偏低的普通群众践行红安红色文化的方式更体现在一些较为简易却不失意义的活动中，如通过唱红安革命歌谣、朗诵红安革命诗歌等方式去向普通大众传播、弘扬红安红色文化。

第四，从是否是红军家属差异的视角来看，红军家属是身份较为独特的一些人，其对红安红色文化拥有特殊的践行方式，如为自己的革命烈士亲人扫墓，在这个过程之中，不仅体现的是对家人的思念，更是对烈士的敬仰。而我们绝大部分人并不是红军家属，我们践行红安红色文化更多地表现为对红安革命历史的崇高向往，对革命烈士的钦佩敬仰，以及承担红安红色文化传承与弘扬的社会责任。

第五，从职业差异的视角来看，教师的职位要求其对红安红色文化拥有较为深入的学习研究，并在此基础上将其传授给学生。在这个过程中，教师的自修与传道毫无疑义便是其对红安红色文化的践行。而工人、农民等始终坚守于生产的第一线，为全国人民的生活提供坚实的物质保障，这难道不是对大别山精神最显著的践行方式吗？

文化是一个国家、一个民族的灵魂。红色是中华人民共和国的底色，红色文化是中国共产党在领导中国革命的伟大斗争中凝聚而成的。红色文化的宣传目的很明确，就是为了让红色文化在社会大众中扎根。但是，现实是许多受访者表示红色文化已经不具有当代意义，对红色文化的宣传人们难以感同身受，其中原因主要是当今社会已经不处于革命的年代，红色文化的价值仅仅属于曾经的年代。因此，想要红色文化在人民心中扎根必须使红色文化具有社会化的价值存在感。红色文化的宣传教育要针对此认识开展，让信念和理想扎下社会认同的根。受社会大环境里的其他思想的影响，很多人的理想信念容易动摇，原因就在于没有“扎根”。因此，尽管我们所有人都拥有一个共同的目标——传承与弘扬红安红色文化，但由于每个人所具有的基本条件的不同，对红安红色文化的践行方式也就呈现出不同的形态。这种形态的差异性不仅体现在人与人之间，也体现在单位与单位之间、学校与学校之间、家庭与家庭之间。当然这些基本条件差异的存在可能是客观固有的，也可能是偶然造成的。例如，团队在红安调查期间，发现调研的对象红安县档案馆与红安县政府宣传部之间存在差异。红安县档案馆的职责是负责整理、保管红安红色文化的相关资料，而红安县政府宣传部负责在红安县内外宣传红安红色文化，这两个单位之间职能的不同造就了他们各自独具特色的践行方式，而践行主体具有的独具特色的基础条件决定了他们的践行方式。

三、红安红色基因传承的工作基础、教育宣传经验和存在的问题

1. 工作基础

多数人认同并且愿意传承红安的红色基因，这无疑是红安红色基因传承的良好基础。红安红色氛围浓厚，红色基因稳定。访谈中，大部分人都对大别山精神十分了解，认为大别山精神是“一要三不要，一图二不图”的精神、革命精神、牺牲精神。对红色基因有自己的见解，表明认同并且愿意传承红色基因，认为应通过家庭和学校的教育以及自己身体力行来传承。除此之外，大部分受访者也表明充分感受到了身边的红色文化氛围，并在日常生活中深受其感染、熏陶。

2. 教育宣传经验

一是政府支持，开发红色旅游。红安是大别山红色旅游景区的龙头系列红色旅游景区之一，有黄麻起义、鄂豫皖苏区革命烈士陵园和七里坪长胜街等众多意义重大、影响深远的红色旅游资源。2017 年红安县全域旅游大会明确提出，2017 年 7 月，红安县政府拟以黄麻起义和鄂豫皖苏区纪念园、董必武故居、李先念纪念园等景区为基础，创建红色革命传统教育 5A 景区，增加停车位，扩大旅游接待量，还拟对七里坪长胜街进行升级改造，对外推出富有特色的“红色之旅”，组织各景区编印参观指南、讲解手册。近几年，红安地区的红色旅游业发展步伐不断加快，红色革命故事口耳相传，红色革命文化也随之深入人心。

二是名人效应，发挥榜样力量。名人效应，是名人的出现所达成的引人注意、强化事物、扩大影响的效应，或人们模仿名人的心理现象的统称。红安享有“两百个将军，同一个故乡”的美誉，在这里不仅诞生了董

必武、李先念两位国家主席，而且孕育了韩先楚、秦基伟、陈锡联等223位将军，在新中国成立后设立的十大军区中，有八大军区的司令员或政治委员都是红安人。利用名人效应，从红安人乃至全国人民耳熟能详的历史名人出发，从一个名字开始，牵引出其背后的故事，发挥出名人作为榜样的力量，让红色文化生根发芽，让革命精神流芳百世。

三是文化品牌，营造研学氛围。“中小学生研学旅行”的开展为红安人民提供了新的机遇，红安教育人紧紧抓住这一契机，在原有的革命传统教育基础上，着手打造红色教育的升级版。为打造红色文化品牌，红安县教育局充分挖掘和综合利用红安境内各类资源，编写红色教育读本，扩建红安新型工业园全国青少年绿色生态体验园，努力让红色教育扎根红安县，辐射湖北省，影响中部地区，享誉全国。为营造红色文化氛围，红安县教育局积极扩建红安新型工业园全国青少年综合实践活动营地，力争建成一个融“红色教育研学旅行接待中心”“红色文化体验馆”“红色教育广场”于一体的全国青少年红色教育园区。打造红色文化品牌，营造研学氛围，使红色精神放射出新的时代光芒，让红色文化薪火相传、血脉永续。

3. 存在的问题

红安县的红色基因传承及教育通过修建革命纪念园、建立红安县红色文化档案馆、加强对红色文物的保护，取得了不斐的成绩，但还存在以下问题：

一是红色基因的载体——红色资源的开发缺乏参与性与吸引力。目前，红安县红色资源开发项目以革命遗址、旧址、展馆等形式为主，展示方式单调、僵硬，缺乏参与体验感，不能通过参观留下深刻的印象。同时调查数据显示，当前红色文化传播过程中面临的最主要的问题是公众参与度不高。

二是红色基因价值的深入挖掘尚待加强。红色资源集中体现了中国共产党的伟大革命精神和中华民族自强不息的时代精神，是红色教育永恒的主题。要想使这些红色资源能够迸发出新的生机与活力就必须对红色景点的打造添加时代的内涵，如果缺乏时代创新，没有对红色文化内涵进行更加深入的挖掘，文化品位没有得到更高的升华，红色资源的价值就无法得到充分展现。此外，网络是红安县居民获得红色文化资源信息的重要来源之一，其次是通过电视和书籍，红安县居民最希望通过电视剧、电影、著作和网络来了解红色文化，这反映出如今的红色基因传承存在宣传方式单一以及红色文化没有有效与实际相结合的问题。

三是红色资源开发运行机制有待进一步改善。红色资源的管理模式具有政府导向性，政府大力提倡开展红色教育，将大大促进红色资源的繁荣，但这种繁荣并不是直接来源于红色教育资源本身，而是行政力量在主导，虽然在短期内促进了其加速发展，从长远来看这并非一条正常发展的轨道，同时也为红色资源本身生命力的培育过程带来了不必要的困难。

四是红安红色基因传承的宣传教育也存在不少问题。有部分受访者表示，红色文化的宣传工作很多地方没有落实，不够重视或流于形式，没有真正理解红色文化的内涵，导致受教育者对红色文化没有认同感，根基不够稳固。胡耿先生也表示，在宣传过程中，许多人自身就没有真情实感，或夸大其词，理论不与现实结合，无法引起他人的共鸣。此外，红色文化的宣传，常处于“单打独斗”的状态，背后没有一个机构作为支撑，未形成一股力量。

胡耿先生在访谈过程中，屡次提出在传承教育过程中，许多地方没有将宣传落到实处，并多次强调了红色文化宣传“实事求是”的重要性。例如对“三支红军部队”的宣传不够准确，“主力红军就是红一方面军、红二方面军、红四方面军，除此以外其他红军包括二十五军不能叫做‘主力红军’”。而在宣传、教育的过程中，人们曾多次将红安的红四方面军、红二十五军、红二十八军三支红军队伍称为“三支主力红军”，并且对这三支队伍的讲解有脱离史实、夸大其词之处，如将“三支红军部队里头，每三个红军战士里有一个红安人”说成“在红军部队里头，每三个红军战士里有一个红安人”。胡耿先生着重强调了诸如此类的细节问题的重要性。在传承教育的过程中，实事求是才能使人信服。同时，胡耿先生也以自身的宣讲经历为例，列举出了宣讲活动中的几个要素，也是如今的宣讲活动中常出现的问题，主要有以下三个方面：

一是在宣讲过程中缺少真情实感。革命传统教育是一个对现实、对理想最有说服力的教育课，应该也是最形象、最有说服力的信仰教育、青年教育。只有真情流露的表达才能使听众受其感染，深深信服。然而许多人自己没有亲身经历，在对他人宣讲的时候，自己也没有从根本上去理解红色文化的内涵，所获得的仅仅是灌输式的教育。

二是宣讲缺少故事性。无论讲思想政治教育、马克思主义还是国家的方针政策都要与现实结合，要既讲故事又讲理论。通过故事，听众的感情更容易受到激发。讲故事不能讲得过于高深，即使想要宣扬马克思主义理论，也可以从马克思主义的产生与发展这个过程讲起，要实事求是，让听众更容易接受，从而引起共鸣。

三是宣讲缺少哲理性。胡耿先生认为宣讲不光要讲故事，激发情感，还需要富有一定的哲理性，将哲理运用到生活中去才是真正的成功。正如胡耿先生在给别人做讲座时常用来结尾的一句话：人生的乐趣在于追求，人生的价值在于奉献，人生的幸福在于理解。追求自己的初心，乐趣就在于成功后的收获；奉献给社会、奉献给人民，追求就有了意义；理解国情、历史、国家的大政方针，理解得越深，执行得就越透彻，理解透了自然就会看齐。

四、加强和改进红安红色基因传承的对策和建议

红安县作为黄麻起义的策源地、鄂豫皖革命根据地的摇篮和中心、中国第一将军县，是大别山地区和湖北省红色资源最丰富的、最集中、最具特色、最具代表性和教育意义的地方。红安全县域内共有 224 处革命遗址遗迹，这些革命遗址遗迹，铭刻着广大仁人志士为民族独立和人民解放英勇奋斗的光辉历程，蕴含着共产党人艰苦奋斗、不屈不挠、不怕牺牲、勇往直前的革命精神，是红安乃至全国革命的重要历史见证，是宝贵的革命历史文化遗产。在中国特色社会主义建设的伟大事业中，要充分利用好红安革命历史上所形成的丰厚的红色文化资源。

（一）高度重视红安红色基因的传承和内涵挖掘

第一，要高度重视红安红色基因的传承。党的十八大以来，习近平总书记多次在不同场合强调，要把红色资源作为坚定理想信念、加强党性修养的生动教材，讲好党的故事、革命的故事、根据地的故事、英雄和烈士的故事，把红色基因传承好，确保红色江山永不变色。革命博物馆、纪念馆、党史馆、烈士陵园等都是党和国家红色基因库，我们要从红色基因中汲取强大的信仰力量，自觉做共产主义远大理想和中国特色社会主义共同理想的坚定信仰者和忠实实践者，真正成为百折不挠、终生不悔的马克思主义战士。红安县不仅有着丰富的革命遗址遗迹、革命纪念园、博物馆等红色文化资源，也有红色革命歌谣等众多的艺术形态的资源，要发挥好这些红色文化资源的资政育人价值，必须深刻领会习近平总书记关于红色基因传承的重要讲话，从思想上高度重视红安红色基因的传承。

第二，进一步深入挖掘大别山精神的科学内涵，并使其不断与时俱进。大别山精神是指在1921年中共党组织在大别山地区创立至1949年红安新民主主义革命胜利这一特定时段，在以大别山为中心的鄂豫皖三省交界地区，中国共产党人和人民群众在进行新民主主义革命斗争的过程中，所形成的一种以党性和人民性为价值取向的认知、情感、意志的总和。2004年中共湖北省委决定将红安打造为湖北最重要的革命传统教育基地，并组成由党史办牵头，省直机关、高校专家参与的以大别山精神的内核之一“红安精神”为主题的研究专班，来挖掘红安精神的内涵。一年后，红安精神研究室根据研讨的十余种修改意见，通过反复推敲，最终将红安精神表述为：“万众一心，为党为民，朴诚勇毅，不胜不休。”其中，“万众一心”，就是齐心协力，团结一致。“为党”，就是胸怀共产主义理想，坚守共产主义信念，信仰马克思列宁主义，信任中国共产党，坚决贯彻执行党的路线方针政策，为实现党的共产主义远大目标而奋斗。“为民”，就是践行党的宗旨，全心全意为人民服务，为实现最广大人民群众的根本利益，无私地奉献自己的一切。“朴”，就是朴素实在，艰苦奋斗，求真务实。“诚”，就是忠诚诚信，忠心耿耿，顾全大局。“勇”，就是敢于斗争，勇于创新，勇于献身。“毅”，就是坚毅顽强，坚忍执着，自强不息。“不胜不休”，就是为夺取革命的胜利，为实现共产主义的远大目标，矢志不渝，一往无前，不达目的，誓不罢休。总而言之，就是一心为人民，一心跟党走，一心干革命，一心夺胜利。红安精神的文本表述虽然有了初步的成果，但并没有形成共识。比如，红安县就认为，红安精神的文本表述就是“一要三不要”和“一图两不图”，即“要革命，不要钱、不要命、不要家”和“图奉献、不图名、不图利”。随着“大别山精神”这一概念的提出，在鄂豫皖三省视角下来整体研究红安精神已经成为不可回避的趋势。因此，要传承好红安红色基因，必须在现有红安精神的基础上，进一步深化大别山精神的研究。

第三，要活化红安红色基因，充分发挥其价值。传承红色基因，就要继续在革命历史文化资源的活化利用上下功夫。要全面整合红安县革命遗产文物，比如革命遗迹遗址类，要做好红色文化设施和革命遗迹普查，尊重历史、修旧如旧，依法保护文物。要按照“保护为主、抢救第一”的方针，加强对重点革命历史文化遗产的挖掘、整理，加大保护设施建设和环境整治力度，使重要的文物、遗址、纪念地、名人故居、文献、建筑等得到妥善保护，要做好革命文物的收集、整理和展示工作。要在高位推进中重点围绕“目标要明确、定位要准确、精神要提炼、载体要丰富、讲解要规范、管理要顺畅、安全要保障”要求，加大资金投入，努力构建“红色教育精品、配套交通、资源保护、宣传推广、产业运作”五个体系，开展红色教育，发展红色旅游。要加强人才培训。有针对性地培训红色教育管理、旅游开发综合性人才，探索发展红色教育的新思路。特别要注重解说词编写工作，让高素质的红色旅游管理人员、导游和讲解员让这些珍贵的红色文化遗产合理运用于红色教育和红色旅游开发之中。

（二）多措并举，提升民众对红色基因的认知、情感和行动

第一，丰富文化宣传方式，提高民众整体认知程度。针对红安文化宣传形式过于“说教式”的问题，我们认为这需要打开红安文化宣传的更多形式。大别山精神作为在共产党领导人民群众进行革命的历程中所体现的共同作风、共同信念、共同精神品质和思维方式，相比较政治性的讲解，其传承与弘扬，通过一个个具体的原生形态来实现应该更具有直接的感染力。同时要注重对原生形态研究成果精神上的总结与提炼，以此加强大别山精神在广大民众间的影响和作用。除了借助电视剧、电影、书籍、报纸等宣传手段，我们建议当地政府采用更多喜闻乐见、贴近百姓生活的形式来宣传红安文化，比如说一次表演团队的露天演出等。此外，我们还建议红安能够与当地的自然资源、风土人情相结合，增加其经济价值和红色精神的利用价值，创新红安当地旅游特色，增加新意，打造红安旅游品牌，吸引各地游客自发地前来参观学习。除了以上意见，我们认为当地企业可以将红安文化融入企业文化中去，并将自身产品与红安文化相结合，在产生一定的经济效益外更能将大别山精神融进社会。

第二，营造良好的社会氛围，增进人们对传承红安县红色基因的情感认同。环境对人具有重要的影响作用。一方面，我们需要动员全社会力量，需要政府、群众、社会团体包括企业在内的社会各界力量的共同努力，弘扬红安红色文化、宣传革命思想、推进红色资源整合开发与保护，去营造学习、传承、弘扬大别山精神的浓厚氛围，以此帮助红安人民更好地融入学习大别山精神的环境中，了解大别山精神在当今社会的存在意义，巩固其对大别山精神的情感基础，坚定其对大别山精神的支持态度。对于政府来说，可以加大对大别山精神的宣传力度，开展各类活动，号召红安人民积极参加；对于企业来说，可以把大别山精神融入企业文化，在

企业间营造齐心协力谋发展的氛围，推动红安经济的良性发展。另一方面，也要设立专门机构培养专业人才，架起知识与情感态度的传递桥梁。针对红安红色文化传承、红安红色文化情感态度传递中面临的青黄不接的问题，我们建议设立专门机构培养专业人才，开展长期性的深入的大别山精神研究，将红安红色文化系统化、理论化，以便能够将其不断传承下去，帮助青少年去学习、了解大别山精神，继而坚定其对大别山精神的积极的情感态度。

第三，要加强青年学生对大别山精神的学习，为大别山精神的后续传承与弘扬接力。尤其是红安当地的中小学生，当地教育部门可以每年向新生发放红安红色文化的有关书籍和读物，在历史课上排出一定的课时对学生进行红安革命史、革命英雄事迹的教育，鼓励学生在课上大胆交流讨论。红安作为红色文化教育基地，学校可以在周末节假日组织学生实地参观各地的文化遗址和展馆，邀请专业导游进行现场讲解以让学生有更为直观的感受，让学生们置身其中，用红安红色文化熏陶学生成长。此外，我们建议红安相关单位可以和学校联合举办有关红安文化的活动和比赛，比如一场学生心中的红安英雄的征文比赛等，让红安文化在学习与实践中充满活力。

第四，坚持多种形式，创新大别山精神传播方式。大别山精神传承中最大的问题是公民参与积极性不高，而影响公民参与度的最主要原因是传播手段单一且与红色文化的融合度低。为解决这一问题，需要相关部门创新大别山精神的传播方式，使其成为人民大众喜闻乐见的文化。同时加大对弘扬大别山精神系列电影的研究，开发相关市场，真正成为人民群众需要的文化养料。

（三）针对不同的践行主体，援以差异性的条件支持

由于践行主体之间的差异性以及其具有的基础条件的差异性，我们应做到"对症下药"，针对不同主体的践行方式予以适当的支持。而不应该像过去一般对所有单位、个人提供"复制式"的支持，提出"复制式"的践行要求，而是应该帮助他们基于自身的各自条件开展形式各异的践行方式。只有这样，践行方式才能趋向多样化、新颖化。

结合人文景色，融入地域文化。将红色资源与当地风土人情开发有机结合，在领略传统教育、弘扬革命精神、培养爱国主义情操、接受红色教育的同时感受到一种精神的震撼、灵魂的洗礼、思想的升华和回归自然、返璞归真、心旷神怡的惬意。通过整合红色资源，开展红色教育，丰富红色旅游，

增加旅游收入，达到带动红色革命老区经济社会协调发展的目的。

指导老师：何　英

团队成员：赵　岩　黄　安　李锦曼　钱晨晨　袁垲鑫　何　欢
刘炳峣　程理想　蒋文超　田　甜　黄珞珈　蔡　静　叶子龙

参考资料：

1. 红安县县志编纂委员会编. 红安县志［M］，上海人民出版社，1992。

2. 中共湖北省委党史研究室课题组. 红安精神研究报告［R］.（2005年12月16日），湖北党史网：http://www.hbdsw.org.cn/dsyj/201410/t20141028_50420.shtml。

3. 汪季石、陈军. “大别山精神”研究现状综述［J］. 黄冈师范学院学报. 2020，40（02）：5-10。

4. 张金林. 红安精神研究述评［J］. 苏区研究. 2021，(03)：117-128.

5. 安波、赵杰. 红安精神传承与弘扬的现状及对策［M］.《教育教学论坛》2014（15）：127-128。

6. 李良明. 论红安精神［J］. 中国井冈山干部学院学报，2010（2）：57-61。

7. 万幼斌. 论红安精神对培育核心价值观的牵引作用［J］. 学校党建与思想教育，2009（15）：43-44。

8. 程允淦. 试论党领导下的鄂豫边区三大革命精神［J］. 党史文苑，2012（4）：63-65＋78。

9. 余红军. 浅谈红安精神的资源共享［J］. 法制与社会，2009（22）：384-386。

附录 1

大别山精神传承现状调查问卷

先生/女士：

您好！您将被邀请参与中国地质大学（武汉）本科生“红安红色文化

传承现状调查研究”的社会调查。该项研究旨在探究红安县群众对红安红色文化的认知程度、情感态度和践行方式，从而为红安红色文化更好地传承下去提供科学合理的建议。您的每一个回答都是我们科学研究的依据，您的回答没有对错之分，调查结果也会完全保密。请您根据自身情况如实并认真回答，感谢您的配合！

您的基本情况（请在符合的选项上打“√”或填写符合自己的信息）

1. 政治面貌：①中共党员（包括预备党员） ②共青团员 ③群众 ④其他

2. 年龄：①70 岁以上 ②70—50 岁 ③50—30 岁 ④30 岁以下 ⑤30 岁—18 岁 ⑥18 岁及以下

3. 受教育程度：①小学 ②初中 ③高中 ④大学 ⑤研究生及以上

4. 是否为红军本人或红军家属：①是 ②否

5. 职业：①政府工作人员 ②农民 ③个体商户 ④工人 ⑤学生 ⑥教师 ⑦其他

对大别山精神的认知程度问卷

指导语：下面各项描述了您对大别山精神的认知程度，请根据以下每句话与您认知情况的符合程度打分（1 表示完全符合；5 表示完全不符合），在相应的格子内划“√”，请不要漏写。

题号	内容	完全符合→完全不符合				
		1	2	3	4	5
1	我知道什么是大别山精神					
2	我知道大别山精神的由来					
3	我十分了解红安革命的历史					
4	我知道很多红安开国将军及两位主席的小故事					
5	我能说出很多红安革命时期的民谣					
6	我十分了解红安的革命纪念园及其他革命旧址					

对大别山精神的情感态度问卷

指导语：下面各项描述了您对大别山精神的情感态度，请根据以下每句话与您认知情况的符合程度打分（1 表示完全符合；5 表示完全不符合），在相应的格子内划“√”，请不要漏写。

题号	内容	完全符合→完全不符合				
		1	2	3	4	5
1	我认为大别山精神对当代仍具有重要意义					
2	我愿意主动去了解研究红安的革命历史					
3	我愿意学习、传承、弘扬大别山精神					

综合评价问卷

指导语：以下各项描述了您对大别山精神践行中需要改进部分的关注程度，请将全部选项按照从最重要到最不重要的顺序进行排序，在横线处填写编号。

请将以下选项中您认为可能有助于您更好地践行大别山精神的因素按重要程度排序：

①扩大大别山精神宣传范围 ②组织更多大别山精神学习活动 ③树立更多典型人物、事例 ④党员发挥模范带头作用 ⑤其他

指导语：以下各项属于开放型问题，请您进行评价。

1. 请问您认为目前大别山精神的传承现状是否良好？有哪些需改进之处？

2. 请问您认为政府对大别山精神的传承是否重视？有哪些传承大别山精神的做法？

3. 请问您认为民间的大别山精神宣传方式有哪些？对政府宣传大别山精神有什么借鉴意义？

附录 2

对胡耿先生的访谈记录

1. 您对于红安历史有一个怎样的认识?

首先现在就是有这么一批数字。我们经常讲两位国家主席，董必武是代理国家主席，他也是主席。董必武不仅代理了国家主席还代理了总理。李先念是正式选举的国家主席，这是两位国家主席。现在讲 223 个将军，其实已经有 500 多位将军了。现在一般宣传比较多的是 223 个将军，准确地讲，是 223 个将军级别的人，其中包括三个部分，第一个部分是开国将军，正式授衔的是开国将军；第二部分人，是没有授衔的，在解放之后，省部级干部，比方说省长、书记、部长这样一批人。第三部分是在红军时期正军级以上的干部，包括牺牲的。我们有时将他们归进来，按理说实际上的将军只有 61 个，那是授衔的将军，223 个是将军级别的人。

再就是三支红军部队，现在我们有些宣传不太准确，"三支主力红军"这个提法是不对的，只有红四方面军是主力红军，因为中央发布过一个通知，"主力红军就是红一方面军，红二方面军，红四方面军"，除此以外其他红军包括二十五军通通不能叫做"主力红军"。所以，跟你讲三支红军部队，那就是红四方面军是主力红军。

再一个，在这三支红军部队里头，每三个红军战士有一个红安人，现在我们有些夸大其词，"在红军部队里头，每三个红军战士里有一个红安人"就有些言过其实了。要实事求是，这三个红军部队里头，每三个红军里就有一个红安人。同样一个道理，在这三支队伍里，每牺牲的四个烈士里头就有一个红安人。从我们这个黄麻起义到新中国成立，牺牲了十四万烈士，不包括自然死亡的，所以，我们的烈士也很多。听了这些数字之后，你就会感到红安是个了不起的地方，那里红色基因非常厚重。

但是有个问题，原来对红安宣传不够，主要的原因就是受张国焘的影响。"中国第一将军县"，这也是名副其实的，从两个角度来讲，都可以叫"中国第一将军县"。第一个，从授衔的将军来讲，数字是 61 个，比其他的地方都多。从将军的级别这个概念来讲，也是属于第一的。

2. 您认为红安精神是什么? 红安精神的核心是什么?

“一要三不要，一图两不图”，就是“要革命，不要钱，不要家，不要命”“图奉献，不图名，不图利”。前提是“要革命”，核心是“要革命”。

3. 您对年轻学子在传播红色文化方面有哪些建议?

实际上，我们革命传统教育就是一个对现实、对理想最有说服力的教育课。还有是最形象、最有说服力的信仰教育、青年教育。我现在在全国各地做报告，在不同学校讲不同内容，比方说我在武汉大学做报告，我要讲到钱学森、李四光，我在地质大学讲也要讲到李四光，我的报告都是有故事性的。我们讲马克思主义也好，讲我们的国家的方针、政策也好，都要与现实相结合，所以都要既讲故事又讲理论。

不要把马克思主义一下子讲得那么高，马克思也并没有一开始就创建马克思主义，这也是有一个过程的。没有共鸣是不行的。

第二个问题，讲故事还要有感情，自己要有情怀，把自己带进去。我跟别人作报告的时候，我都把自己带进去。作报告讲故事要有感情，一定要有感情。

第三句话，就是有哲理。像我给人讲故事，最后都要再讲三句话，人生的乐趣在于追求，达到追求一个坚定的信念，崇高的理想，高度的爱国主义精神，艰苦朴素的作风，这都是要追求的，这是从大的方面来讲。现在讲就是要追求实现中华民族的伟大复兴，一个人没有追求，他就没有动力，人生的价值在于奉献。人生的幸福在于理解，理解中国的国情，中国的历史，我们党的基本路线、基本方针，这都需要理解，理解得越深，执行就越有力，执行就越自觉。

4. 红安新成立了一个红色纪念地管理中心，对此您有何评价?

这个机构成立得很对，有一个机构之后，他就可以集中精力管这个事情。

5. 在您身后，像您一样了解红安、理解红安、宣传红安的力量是否足够?

正在形成，但是，还很不够。也有一些会讲红安历史的，但现在的问题在于，这个传播的方式有一些不一样。有些人讲红安历史，就是很呆板，没有自己进行消化，人家听起来就是就是套话。另外，现在大学生不仅有知识，而且还有学习知识的工具，很方便，打开手机就知道。

6. 您认为怎样才能让红色文化像传统文化一样，获得社会和大众的支持?

红色文化，是我们中国特色的文化，中国特色社会主义很重要的一个特点就是红色革命。习近平总书记强调，要加强红色文化教育，赓续红色血脉。搞红色文化教育还是两个字，就是要扎根，要扎信念和理想的根。我们现在讲树立信念树立理想，中国特色社会主义就是我们的信念，马克思主义就是我们的信仰，这些一定要扎根。

第六专题　武汉市红色文化资源教育功能发挥现状及对策研究

武汉是一座具有光荣革命传统的城市，武汉人民有着“敢为天下先”的奋发精神。作为承载着3500年的历史、蕴含着独特的荆楚文化城市，在武汉打响了推翻两千多年封建帝制，建立民主共和制的国家的第一枪。无数的革命先烈和仁人志士，为了争取民族独立和人民的解放事业，在武汉这块热土上抛头颅、洒热血，谱写了可歌可泣的壮丽诗篇，同时也给这座英雄的城市留下丰厚的红色资源。如何利用这些丰富的红色文化资源，对当代大学生产生积极的教育作用，是一个值得思考的问题。为了推动大学生更加了解武汉市红色文化纪念场馆，主动参观接受红色文化教育，并切实产生教育效果，本团队以“武汉市红色资源教育功能发挥现状及对策研究”为选题，开展了调查研究。

一、选题的背景和意义

（一）选题背景

2017年中共中央办公厅、国务院办公厅印发的《关于加强和改进新形势下高校思想政治工作的意见》强调，要弘扬中华优秀传统文化和革命文化、社会主义先进文化，实施中华文化传承工程，推动中华优秀传统文化融入教育教学，加强革命文化和社会主义先进文化教育，深化党史、新中国史、改革开放史和社会主义发展史学习教育，利用我国改革发展的伟大成就、重大历史事件纪念活动、爱国主义教育基地、国家公祭仪式等组织开展主题教育，弘扬以爱国主义为核心的民族精神和以改革创新为核心的时代精神。要开展社会实践育人，提高实践教学比重，组织师生参加社会实践活动，完善协同育人模式，加强实践教学基地建设，建立健全学雷锋志愿服务制度。2019年11月，中共中央、国务院印发的《新时代爱国主义教育实施纲要》也指出，要广泛开展党史、国史、改革开放史教育。结合党史、国史教育，继承革命传统，弘扬革命精神，传承红色基因，结合新的时代特点赋予新的内涵，使之转化为激励人民群众进行伟大斗争的强大动力；要组织大中小学生参观纪念馆、展览馆、博物馆、烈士纪念设施，更好地了解国情民情，强化责任担当；要建好用好爱国主义教育基地和国防教育基地，强化爱国主义教育和红色教育功能，为社会各界群众参观学习提供更好服务；要推动红色旅游内涵式发展，完善全国红色旅游经典景区体系，凸显教育功能，加强对讲解员、导游等从业人员的管理培训，加强对解说词、旅游项目等的规范，坚持正确的历史观和历史标准。2019年10月，中共中央、国务院印发的《新时代公民道德建设实施纲要》也强调，要深化改革开放史、新中国历史、中国共产党历史、中华民族近代史、中华文明史教育；要继承和发扬党领导人民创造的优良传统，传承红色基因，赓续精神谱系；要加强爱国主义教育基地和革命纪念设施建设保护利用，充实展陈内容，丰富思想内涵，提升教育功能。这些文件的相关内容，为本选题提供了政策依据。

武汉作为近代史上的革命重镇，拥有丰厚的革命文化教育资源，是开展党史、国史、改革开放史和社会主义发展史教育不可忽视的重要场所地之一。武汉市有很好的红色文化教育资源纪念场馆，在面向社会开放中起到了一定教育效果。近年来，湖北省通过“我选湖北”计划吸引优秀大学生落户湖北，武汉市通过全国文明城市建设，不断提升武汉市的文化内涵，彰显武汉市精神文明魅力，湖北省和武汉市的吸引力在不断提升。整理武汉市红色资源教育路线图，加强社会思政资源整合，加强主题教育和实践教育，加强大学生对武汉市城市精神的理解认同，最大程度彰显武汉市红色文化资源的资政育人功能，也是一个非常值得关注和研究的现实课题。

（二）调研目的与意义

1. 调研目的

本项目旨在通过实地调查，对武汉市大学生红色教育提出相关建议，发挥武汉市丰富的红色资源的教育作用，真正让大学生深入了解武汉精神中的革命精神，帮助青年一代树立正确的世界观人生观价值观，坚定正确的理想信念，从而成为中国特色社会主义事业的合格建设者和可靠接班人。调研目的具体如下：

第一，了解武汉市当前红色文化资源现状。武汉市历史文化积淀厚重，红色文化资源丰富，但是各个场馆的规模不一，教育意义也不同。本团队通过对武汉市红色文化纪念场馆的走访调查，收集汇总各个场馆的信息，了解武汉市目前的红色文化纪念场馆现状，让大学生更好地理解武汉红色文化纪念场馆的不同意义以及更好地传承武汉的红色精神。

第二，了解大学生对武汉市革命文化教育资源的认知状况。虽然武汉市的红色文化纪念场馆较多，但是参观的大学生数量却相对较少，参观学习的自主性也有待提高，对大学生们发挥的德育教育作用也相对较弱。本团队通过对大学生对红色文化纪念场馆的评价以及受益程度的调查，从实际出发，了解武汉红色文化纪念场馆教育功能的发挥现状，并且根据大学生对不同场馆情况反馈的差异，对一些场馆针对性地提出一些发展建议。

第三，了解武汉市的革命文化教育现状。通过查阅相关文献，了解武汉市的革命精神传播及革命实践过程，对武汉市的革命文化教育现状进行梳理，为后期对武汉市革命文化教育提出建议打好基础。

2. 调研意义

本项目实施的意义主要在如下四个方面：

第一，发挥专业优势，加深专业认知。本次暑期社会实践活动的调查主题是武汉市红色文化纪念场馆教育功能调查研究，将红色文化纪念场馆教育功能与高校思想政治教育结合起来考察，有利于发挥我们的专业优势。在调研过程中，把理论与实际应用结合起来，有利于加深我们对专业知识的理解与认同。

第二，更好地发挥红色文化资源教育作用。通过文献研究、实地调研了解武汉市红色文化资源教育现状，有利于相关单位加强武汉市红色文化教育资源建设，也有利于大学生更加深入地了解武汉市红色文化的现状。

第三，提升大学生对红色文化教育资源的关注度。对武汉市红色文化纪念场馆的调研及本次社会实践活动的宣传，有助于提高社会对红色文化教育资源的关注度，结合全国高校思政工作会议精神和“我选湖北”计划以及文化五城建设，有助于激发大学生对红色文化的兴趣。通过参观武汉市红色文化场馆，学习相关精神，提升对红色文化的关注度。

第四，增强团队成员实践能力以及合作意识。实践过程中，团队成员需要充分与其他成员建立起协作的关系，将自己充分融入团队之中，使自己发挥最大的作用，使团队达到最佳的效果。团队成员也能通过对武汉市红色文化教育资源的梳理、走访调查，将理论更好地运用于实际，提升团队成员的实践能力。

二、武汉市红色资源概况及教育功能发挥的理论支撑

（一）武汉市现有红色资源的概况

武汉是中国近代率先崛起的大城市之一，其地理位置优越，资源丰富。晚清时期，武汉以其“九省通衢”的地理优势及张之洞主政下迅速发展的民族工业形成了以武汉为中心的华中经济区。由于其重要的区位因素，在近代的反帝反封建斗争中，革命党人在武汉进行一系列活动，遗留下了丰富的红色文化资源。

早在辛亥革命时期，武昌首义革命军先后占领汉阳、汉口，武汉三镇，消息传出，全国乃至世界为之震动，武昌起义导致了中国2000多年来封建王朝统治的结束。这一历史时期的红色资源有首义广场的孙中山铜像、辛亥革命博物馆、红楼、点将台、黄兴铜像和首义路尽头的武昌起义门旧址。中国共产党建立初期，党成立组织工人运动的中国劳动组合书记部，并从 1922 年 1 月到 1923 年 2 月，掀起了中国工人运动的第一个高潮。武汉见证了壮烈的京汉铁路工人大罢工，存有京汉铁路总工会旧址、“二七”烈士纪念碑、林祥谦烈士就义处、“劳工律师”施洋烈士陵园。国民大革命时期，国共合作讨伐军阀，位于武汉市江夏区贺胜桥镇的贺胜桥北伐烈士陵园，安葬着国民革命军第四军 1926 年为攻克贺胜桥而阵亡的将士。在武昌街道口独立团烈士陵园，长眠着 191 位在 1926 年 9 月北伐军攻打武昌城的激烈战斗中壮烈牺牲的战士。随着北伐战争胜利，革命中心由珠江流域转移至长江流域，这一时期武汉革命活动活跃，遗留下了中华全国总工会暨湖北省总工会旧址、毛泽东同志主办的中央农民运动讲习所旧址、毛泽东旧居、向警予旧居、中共中央机关旧址、中宣部暨瞿秋白故居旧址、中国共产党第五次全国代表大会开幕式旧址。大革命失败后，中共领导人暂居德林公寓，于八月七日在武汉举行了“八七”会议，得出“枪杆子里出政权”的论断。中共湖北省委暨中共中央长江局机关旧址，曾是共产党领导湖北秋收起义和长江流域七省革命斗争的总指挥部。在白色政权恐怖统治下，在武汉工作的共产党人遭到迫害，武昌伏虎山西麓，坐落着李俊汉墓，龟山红色战士公墓埋葬着数百名革命烈士，向警予烈士也长眠于此。抗日战争时期，周恩来迁居珞珈山，接待中外友人，鼓励他们为抗战作贡献，中国共产党成立八路军武汉办事处领导抗日战争，董必武、叶剑英、周恩来、邓颖超曾在此工作。曾参加过“护国运动”“护法

运动”的国民政府功勋战舰——中山舰，在武汉保卫战中被击沉，1997 年中山舰被打捞出水并于 2008 年迁至武汉市，成立了中山舰博物馆。在为纪念武汉解放而定名的解放公园，东北角坐落着苏联空军志愿队烈士墓，在武汉的三次空战中，苏联空军志愿队同中国空军打破了日本空军不可战胜的神话，打压了侵略者的嚣张气焰。汉口公园的受降堂是国民政府第六战区接受日军投降现场的旧址，也是全民族抗战胜利的历史见证。

目前，在武汉市所拥有的红色文化资源中，“八七”会议会址、武昌中央农民运动讲习所旧址、毛泽东同志旧居，汉口中华全国总工会旧址，被列入国家级文物保护单位；被列入国家级重点革命烈士纪念建筑物保护的有施洋烈士陵园和向警予烈士陵园；被列入省级重点文物保护单位有中共五大会址、京汉铁路总工会旧址、二七烈士纪念碑等。此外，还有刘少奇旧居、周恩来珞珈山旧居、中共中央机关旧址、耿丹烈士墓等 20 处被列入市级重点文物保护单位。

武汉市非常重视开发和利用红色文化资源，发挥其教育功能。自 2003 年 3 月起，武汉市对大中小学校学生参观市直博物馆、纪念馆实行免费，为青少年提供更多的教育实践基地。各大中小学校每年都组织学生参观辛亥革命纪念馆、武昌农讲所、“八七”会议旧址和“二七”纪念馆等革命遗址和纪念馆，培养他们的爱国主义情怀，使其继续发扬艰苦奋斗的革命传统和百折不挠的斗争精神。随着人民生活水平的提高，对精神文化的需求日趋旺盛，武汉市将红色文化资源的社会效益和经济效益相统一，开发利用红色文化旅游资源。比如，中共中央办公厅和国务院办公厅联合印发的《2004 年—2010 年全国红色旅游发展规划纲要》中，规划了 30 条“红色旅游精品线路”，其中就有“武汉—麻城—红安—新县—信阳”线，重点在武汉。武汉的“八七”会议纪念馆，是全国百个重点建设红色旅游经典景区之一。另外，湖北省的相关部门，特别是省委宣传部、省市旅游局和一些科研机构及高校也纷纷行动起来，成立研究机构，重点研究湖北红色文化及红色旅游资源的开发和利用问题。2006 年，武汉市红色旅游系列景区（点）成为全国重点打造和规划的百个经典景区之一，其中包括中央农民运动讲习所旧址、武昌毛泽东旧居和“八七”会议旧址。2010 年，中共五大会址纪念馆成为首批全国廉政教育基地。这些红色资源免费向社会公众开放，对公众了解中国革命历史、开展自我教育，发挥了积极的作用。

（二）武汉市红色资源教育功能发挥的理论支撑

红色资源作为一种内含中国人民在革命战争年代为争取民族独立和解

放的斗争中所创造的精神文化的载体，具有资政育人的功能。由于红色资源大多分布在校外，红色资源的教育功能的发挥，也必然需要在校外进行。如何在校外的教学中更好地发挥红色资源的教育功能，非正式学习理论为我们提供了一种理念上的支撑。

非正式学习理论是随着人们对传统知识灌输模式的质疑而提出来的。从我们已查寻的文献资料来看，对于非正式学习的概念，诸多学者均以各自的方式进行了表述。一般认为：非正式学习是与正式学习相对的概念，通过比较学校环境中的正式学习来界定。其中，余胜泉和毛芳的《非正式学习-e-Learning 研究与实践的新领域》一文，对非正式学习作了较具体的定义：非正式学习（Informal Learning）是指发生在学校教育或继续教育之外，学习者在生产、生活的自然状态下，通过非教学性质的社会交往来传递和渗透知识，由学习者自我发起、自我调控、自我负责的学习，主要指做中学、玩中学、游中学，如沙龙、读书、聚会、打球等。

非正式学习具有以下基本特点：①自发性，学习由学习者自我发起，学习者是学习的主导和主体；②自控性，学习的主动权掌握在学习者手中，由学习者自我调控、自我负责；③灵活性，非正式学习的时间、地点、内容、形式都由学习者自己选择，具有高度的灵活性；④社会性，学习者在生产、生活的社会交往活动中获取知识；⑤情景性，非正式学习与日常生活实践紧密联系，它可以不受时间、地域限制，发生在生活、工作、休闲的任何情景之中。

近年来，场馆学习成为学校教育以外的一个新的学习领域。场馆在不同的时代被赋予不同的意义。至今，它包含的种类很多，范围涉及面比较广，有博物馆、科技馆、水族馆、美术馆、心理咨询馆等各类场馆。随着时代变迁，场馆功能发生了转变。场馆已经不仅仅是保存文物或者展示展品的场所，而是由原来的收藏、展览、研究功能逐渐扩展到具有教育功能；从过去的标本、展品、模型展示逐渐丰富为许多互动型的操作呈现，以更加通俗易懂、轻松活泼的方式激发参观者的学习兴趣。场馆学习也是一种重要的非正式学习方式。相较于只能在课堂中单一讲授，场馆功能的开发和设置更注重教育功能，场馆学习让学生们走出了教室这个相对封闭的空间，满足了学生们对学习的要求。

美国心理学教授 Screven 认为，场馆的学习环境提供了异于学校的非正式课程，它以实物代替书本展现了一个"非文字"的学习机会。就学习心理而言，实物比文字更容易引起学习者的注意力及兴趣，并且实物的学习需要统合人不同的感知觉。场馆里的操作器材、展品以其形象趣味的活动内容和简易生动的操作方式吸引参观者的注意力，激发参观者参与学习、动手操作的兴趣。场馆以其丰富的资源，提供了参观者在离开校园后随时参与学习的机会。场馆环境以展品为媒介，通过寓教于乐的教育方式，使参观者潜移默化地受到环境的影响，使他们无论是参观展示还是操作互动，都在接受着隐藏在环境中的信息，能在自由开放的情境中快乐学习。

就学习环境而言，场馆是一个自由选择的学习环境。场馆是一个自我导向的学习环境，参观者进入场馆，可以自主选择参观路线、参观内容，参观过程中无评价、无竞争。参观者进入场馆参观的目的或许不同，但只要个体在参观过程中通过视觉、听觉、触觉等多种感官的交互引起了认知或情感上的变化，从而获得相关的经验，就可以认为是学习的发生，因为，经历本身也是一种学习。相反，课堂教学由于缺少场景的支持，学习者获得的更多的是一种惰性知识，不能很好地实现理论与实践的融合，再加上教材上的知识往往较为抽象，学习效果并不尽如人意。

就学习资源来说，场馆为参观者提供了多元化的学习资源，主要包括导览手册、地图、简介等卡片资料以及多媒体、影像、幻灯、语音等视听资源，参观者可以根据自己的需要、兴趣自由选择参观地点、物品，场馆教育资源能够增加观众的真实体验与感受，激发学习的兴趣，强化学习的效果。

就教育目标来说，场馆教育的目的不只是知识上的获得，而是让学习者通过对展品及其情境的直接经验，促进他们在兴趣、态度、观念、技能上有所发展，赋予他们愉悦的学习体验；同时，场馆教育可以弥补正式教育的不足，它强调直接经验的学习可以补充学校教育偏重抽象思考的缺失，强调以好奇心启发学习者的学习动机可以弥补学校教育功利性的学习动机。

场馆学习本质上是一种非正式学习，它不仅仅让人获得知识，同时也能帮助参观者提升兴趣，改变态度、观念等。参观者是以个体的认知发展、原有的知识建构以及参观动机为基础，与场馆里的展品和媒介进行交互，通过互动建构其个人化的参观经验。场馆内的各项互动操作着重于激发参观者惊讶、好奇和激动的情绪，让他们产生一探究竟的兴趣，使他们主动参与到活动中。

走进红色场馆实地参观也是一种“非正式”学习方式。历史不能被忘记，革命先烈的精神要得到传承。学生除了在课本上了解历史，还应实地走进红色场馆去参观，去实地体验，从而领略历史的厚重感。场馆内有丰富的历史文化资源，参观者在离开校园后可以随时参与学习。场馆环境以展品为媒介，使参观者潜移默化地受到环境的影响。

如果教育活动能打破时空界限，不再局限在学校狭小空间里，加强各场馆如博物馆等与高校的共建关系，就有利于打破学科间的隔阂，提升学生学习的兴趣，使理论与实践相结合，学生得到完整的经验，获得知识的意义，从而达到更佳的学习效果。

三、武汉市红色文化资源教育功能发挥的总体状况

（一）问卷设计及发放概况

此次调查问卷的设计分为三大维度，即认知、意愿和行为。认知主要构建为认知范围（宽度）、认知程度（深度）、认知途径（来源）、认知环境（周围的相互影响）等，意愿主要构建为历史认同（革命史的主观评价）、价值评价（在今天的作用）、参观动机强度（是否愿意）、影响因素、参观期望等，行为主要构建为行为强度、行为频率、行为效果、行为评价等。具体思路如表 6-1 所示：

表 6-1　大学生红色资源认知意愿及行为量表

<table>
<tr><td rowspan="12">大学生红色资源认知意愿及行为量表</td><td>人口变量</td><td colspan="2">性别、年级、政治面貌等</td></tr>
<tr><td rowspan="4">认知</td><td>宽度</td><td>对红色资源概念的理解</td></tr>
<tr><td>深度</td><td>参观后的感受</td></tr>
<tr><td>途径</td><td>了解的渠道</td></tr>
<tr><td>认知环境</td><td>宣传是否到位</td></tr>
<tr><td rowspan="5">意愿</td><td>历史评价</td><td>有无必要参观</td></tr>
<tr><td>价值</td><td>参观是否有意义</td></tr>
<tr><td>动机强度</td><td>是否愿意主动参观</td></tr>
<tr><td>影响因素</td><td>参观的原因</td></tr>
<tr><td>期望</td><td>希望以什么方式接触红色资源</td></tr>
<tr><td rowspan="2">行为</td><td>效果</td><td>是否提高了爱国情怀、思想道德素质等</td></tr>
<tr><td>评价</td><td>大学生是否应该接受红色资源教育</td></tr>
</table>

本次社会实践的调查问卷主题为大学生红色文化资源认知意愿及行为量表，采取纸质问卷与网络问卷结合的方式，共计发放问卷 220 份，回收

有效问卷212份。就问卷发放的基本信息来看，所发放的对象是武汉市大学生，涉及不同的学校、不同的年级以及不同的专业，调查对象范围较为全面。样本中男女生性别比约为57∶43，比例较合理，接近于1∶1；样本中学生的专业类别有哲学、经济学、法学、教育学、理学、工学、管理学等十个学科，其中理工科类占比44.8%，人文社科类占比55.2%，比例较为合理；样本中涉及各个高校类别，其中双一流大学占比约为85%，在调查的学校中占大多数，除此之外，普通一本、二本和高职高专样本也都有涉及；样本中也涉及各个年级，其中大一、大二人数较多，大三、大四人数较少。整体而言，本次问卷的样本数量较多、涉及范围较广、比例较为合理，有一定的参考价值。

（二）大学生对红色文化资源教育功能的认知状况

从“是否参加学习过武汉市的红色文化资源”与“政治面貌”的交叉分析中我们可以发现，本次调查的样本多为中共党员和共青团员。虽然由于大学生中党员和群众数量较少，调查中参观学习过武汉市红色资源的占比较小，但无论是中共党员、共青团员还是群众，参观过武汉市红色文化资源的人数都比较多，其中中共党员中参观学习过武汉市红色文化资源的人数是未参观过的四倍左右，说明武汉市的大学生对红色文化资源的认知情况相对乐观且与政治面貌的相关性较强，中共党员对红色文化资源会更加的关注和了解。但也不难看出，有很大一部分共青团员没有参观过，对红色文化资源的学习重视程度相对较低，因此，武汉市应该进一步将大学生的思想政治教育与红色文化教育相结合，鼓励大学生从武汉市的红色文化资源中了解武汉的历史，汲取精神力量。

表6-2 大学生学习频率和参观时间

学习频率和参观时间		如果您参观过武汉市红色资源，您一年内参观学习的频率是				合计
		1—2次	3—4次	4次以上	0次	
您平均每次参观学习武汉红色资源的时间是	1小时以内	54	14	4	59	131
	2—3小时	48	15	4	6	73
	3—4小时	3	0	1	0	4
	4小时以上	1	1	1	1	4
合计		106	30	10	66	212

在学习频率与参观红色文化资源时间的交叉分析中（见表 6-2）可以看到，参观过武汉市红色文化资源的调查对象，在一年之内参观学习的频率主要集中在 1—2 次，占比 50%，其次是一年内一次也没有参观过的占比接近 35%，参观超过 3 次的比重较小，说明大部分高校学生对利用红色文化资源的学习重视度还不够高。而在参观时间上，平均每次在 1 小时以内居多，其次是 2—3 小时，3 小时以上约占 4%，表明大部分高校学生在参观红色文化资源用时是比较短的。交叉来看，无论参观次数多少，平均参观时间也是集中在较短的时间段，也有部分人参观学习时隔较久，在最近一年没进行参观学习。整体来看，武汉市高校学生参观红色文化资源的频率较低，且参观时间也较短，说明高校学生还不够重视红色文化资源的教育作用。虽然武汉市的红色文化纪念场馆较多，但是参观的大学生数量却相对较少，参观学习的自主性也有待提高。

表 6-3　大学生参观红色文化纪念场馆的类型

		响应		个案
		N	百分比	百分比
参观过哪些武汉市红色资源	第 9 题（A. 辛亥革命武昌起义纪念馆）	134	31.7%	70.9%
	第 9 题（B. 中央农民运动讲习所）	31	7.3%	16.4%
	第 9 题（C. 施洋烈士陵园）	22	5.2%	11.6%
	第 9 题（D. 毛泽东故居）	46	10.9%	24.3%
	第 9 题（E. 二七烈士纪念馆）	15	3.5%	7.9%
	第 9 题（F. 武汉国民政府旧址）	35	8.3%	18.5%
	第 9 题（G. 武汉市革命博物馆）	64	15.1%	33.9%
	第 9 题（H. 武汉抗战纪念馆）	19	4.5%	10.1%
	第 9 题（I. 其他）	57	13.5%	30.2%
	总计	423	100.0%	223.8%

在调查高校学生参观过哪些红色文化纪念场馆时（见表 6-3），选择辛亥革命武昌起义纪念馆人数最多，个案占比 70%左右，其次是武汉市革命博物馆以及毛泽东故居，由于题目数量限制，选择其他的占比达到 30%左右，由此可见，高校学生比较偏向规模较大、名气较大的红色文化纪念场馆，而诸如二七烈士纪念馆、武汉抗战纪念园等红色文化纪念场馆却很少去参观。这表明要加强高校学生对武汉市红色文化纪念场馆的认知，不仅武汉市要加强相关宣传，各高校也要将学生的思想政治素质教育与红色文化资源教育相结合，充分发挥红色文化纪念场馆对大学生们的德育教育作用。

表 6-4　大学生对武汉市红色文化资源的评价

	非常不赞同		不赞同		中立		赞同		非常赞同	
	频数	百分比	频数	百分比	频数	百分比	频数	百分比	频数	百分比
我认为武汉市红色资源内容丰富，表现形式多样	5	2.4	10	4.7	65	30.7	98	46.2	34	16
我认为武汉市红色资源与日常生活有很大关联	2	0.9	21	9.9	103	48.6	66	31.1	20	9.4
我对武汉市红色资源有亲身体验和切实感受	10	4.7	21	9.9	80	37.7	80	37.7	21	9.9
我认为武汉市红色资源宣传教育形式多样	5	2.4	24	11.3	92	43.4	68	32.1	23	10.8

表 6-5　大学生对武汉市红色文化资源评价的矩阵分析

		第 10 题（1. 我认为武汉市红色资源内容丰富，表现形式多样）	第 10 题（2. 我认为武汉市红色资源与日常生活有很大关联）	第 10 题（3. 我对武汉市红色资源有亲身体验和切实感受）	第 10 题（4. 我认为武汉市红色资源宣传教育形式多样）
相关	第 10 题（1）	1.000	0.555	0.361	0.433
	第 10 题（2）	0.555	1.000	0.539	0.616
	第 10 题（3）	0.361	0.539	1.000	0.607
	第 10 题（4）	0.433	0.616	0.607	1.000

在大学生对武汉市红色文化资源看法的调查中（见表 6-4、表 6-5）发现，认为武汉市红色文化资源内容丰富、表现形式多样的，62.6%的人表示赞同，30.7%的人表示中立，很少人表示不赞同；认为武汉市红色资源与日常生活有很大关联的，40.5%的人表示赞同，48.6%的人保持中立，10.8%的人表示不赞同；对武汉市红色文化资源有亲身体验和切实感受的，14.6%的人表示不赞同；而认为武汉市红色文化资源宣传教育形式多样的，42.9%的人表示赞同，43.4%的人表示中立，13.7%的人表示不赞同。整体来看，武汉市大学生基本对武汉市红色文化资源持积极态度，对

加强其利用红色文化资源学习有很好的思想基础，但也可以看出武汉市红色文化资源宣传还有所欠缺，大学生对其的亲身体验和切实感受还不够。

表 6-6　大学生对红色文化资源的接触状况及矩阵分析

	非常不赞同		不赞同		中立		赞同		非常赞同	
	频数	百分比	频数	百分比	频数	百分比	频数	百分比	频数	百分比
我对红色文化很感兴趣	6	2.8	13	6.1	101	47.6	69	32.5	23	10.8
我经常观看主旋律电影	7	3.3	39	18.4	85	40.1	67	31.6	14	6.6
我经常阅读红色文化相关书籍	9	4.2	36	17	93	43.9	56	26.4	18	8.5
我经常观看抗战题材电视剧	7	3.3	33	15.6	73	34.4	74	34.9	25	11.8
我经常参观红色文化旅游景点	10	4.7	43	20.3	77	36.3	66	31.1	16	7.5

相关矩阵

		第 10 题（5. 我对红色文化很感兴趣）	第 10 题（6. 我经常观看主旋律电影）	第 10 题（7. 我经常阅读红色文化相关书籍）	第 10 题（8. 我经常观看抗战题材电视剧）	第 10 题（9. 我经常参观红色文化旅游景点）
相关	第 10 题（5）	1.000	0.529	0.523	0.403	0.567
	第 10 题（6）	0.529	1.000	0.638	0.607	0.583
	第 10 题（7）	0.523	0.638	1.000	0.511	0.683
	第 10 题（8）	0.403	0.607	0.511	1.000	0.566
	第 10 题（9）	0.567	0.583	0.683	0.566	1.000

在调查大学生对红色文化资源的接触状况方面（见表 6-6），“对红色文化很感兴趣”表示赞同的占比 33.3%，47.6%的人表示中立，8.9%的人表示不感兴趣；“经常观看主旋律电影”中，有 38.2%的人表示赞同，而有超过 20%的人表示不赞同；对“经常阅读红色文化相关书籍”表示赞同的占比 34.9%，表示不赞同的占比 21.2%；“经常观看抗战题材电视剧”方面，有 46.7%的人表示赞同，有将近 20%的人表示不赞同；而选择“经常参观红色文化旅游景点”的人中，有 38.6%的人表示赞同，有 25%的人表示不赞同。由此可见，大部分大学生对红色文化还是比较感兴

趣的，着重表现在观看抗战题材电视剧、参观红色旅游景点等方面。但是也不难发现，大学生对红色文化资源的接触并不是很广泛，也不是十分频繁，因此，要加强对大学生红色资源的宣传，就要拓宽其接触面。

表 6-7 大学生对红色文化资源的情感认同及矩阵分析

	非常不赞同		不赞同		中立		赞同		非常赞同	
	频数	百分比	频数	百分比	频数	百分比	频数	百分比	频数	百分比
红色资源能使我了解历史文化和历史人物	3	1.4	1	0.5	31	14.6	105	40.5	72	34
参观红色资源我会对国家和党的历史产生自豪	3	1.4	0	0	42	19.8	91	42.9	76	35.8
学习参观红色资源能激励我坚定理想信念，不断前进	3	1.4	1	0.5	45	21.2	100	47.2	63	29.7
参观红色资源只是娱乐方式。我没有什么感受	41	19.3	80	37.7	53	25	29	13.7	9	4.2
我十分愿意主动参观学习武汉市的红色资源	6	2.8	4	1.9	75	35.4	98	46.2	29	13.7

		第 10 题（13. 红色资源能使我了解历史文化和历史人物）	第 10 题（14. 参观红色资源我会对国家和党的历史产生自豪）	第 10 题（15. 学习参观红色资源能激励我坚定理想信念，不断前进）	第 10 题（16. 参观红色资源只是娱乐方式，我没有什么感受）	第 10 题（17. 我十分愿意主动参观学习武汉市的红色资源）
相关	第 10 题（13）	1.000	0.799	0.646	−0.177	0.454
	第 10 题（14）	0.799	1.000	0.739	−0.216	0.490
	第 10 题（15）	0.646	0.739	1.000	−0.196	0.486
	第 10 题（16）	−0.177	−0.216	−0.196	1.000	0.005
	第 10 题（17）	0.454	0.490	0.486	0.005	1.000

在大学生对红色文化资源的情感认同方面（见表 6-7），认为红色文化资源能使其了解历史文化和历史人物的，有 74.5%的人表示赞同，只有 1.9%的人表示反对；对参观红色文化资源能使其对国家和党的历史产生自豪以及认为学习参观红色文化纪念场馆能激励其坚定理想信念、不断前进的，表示赞同的人占比分别为 78.7%以及 76.9%，而持反对意见的不到 2%；相反，认为参观红色文化纪念场馆只是娱乐方式、没有什么感受的人占比为 17.9%，大部分还是对此表示不赞同；在十分愿意主动参观武汉市红色文化纪念场馆选项上，59.9%的人表示赞同，只有 4.7%的人表示反对。可见，大部分大学生能够了解红色文化资源的积极意义，能获得正能量的感受，也从侧面体现出红色文化资源对提升大学生思想道德素养以及理想信念有很大促进作用。

表 6-8　大学生参观红色纪念场馆主观体验感受状况及矩阵分析

	非常不赞同		不赞同		中立		赞同		非常赞同	
	频数	百分比	频数	百分比	频数	百分比	频数	百分比	频数	百分比
我更希望独自参观学习红色资源	3	1.4	32	15.1	102	48.1	54	25.5	21	9.9
我希望在参观学习时有专业讲解人员陪同	6	2.8	8	3.8	5.2	24.5	106	50	40	18.9
我在参观时倾向于使用自助讲解设备	5	2.4	23	10.8	84	39.6	69	32.5	31	14.6
我喜欢在参观学习时加入参与性的体验活动	4	1.9	6	2.8	51	24.1	103	48.6	48	22.6

相关矩阵

		第 10 题（19. 我更希望独自参观学习红色资源）	第 10 题（20. 我希望在参观学习时有专业讲解人员陪同）	第 10 题（21. 我在参观时倾向于使用自助讲解设备（如：二维码）	第 10 题（22. 我喜欢在参观学习时加入参与性的体验活动）
相关	第 10 题（19）	1.000	0.177	0.456	0.338
	第 10 题（20）	0.177	1.000	0.409	0.558
	第 10 题（21）	0.456	0.409	1.000	0.461
	第 10 题（22）	0.338	0.558	0.461	1.000

在大学生参观红色纪念场馆主观体验感受状况方面（见表 6-8），更喜欢独自参观红色文化纪念场馆中，35.5%的人表示赞同，16.5%的人表示不赞同，将近 50%的人保持中立；而希望在参观学习时有专业讲解人员陪同选项中，有 68.9%的人表示赞同，只有 6.6%的人表示反对；对参观时倾向于使用自助讲解设备表示赞同的人占比 47.1%，有 13.2%的人表示不赞同；对喜欢在参观学习时加入参与性的体验活动表示赞同的占比 71.2%，只有 4.7%的人表示反对。由此可见，更多的大学生倾向于有专业讲解人员陪同或有自助讲解设备，有一些参与性体验活动例如 VR 虚拟现实、光影体验等更能满足大学生的需求，更能发挥红色文化场馆资源的教育作用。

表 6-9　大学生对武汉市红色文化资源的了解途径及矩阵分析

	从不		极少		有时		经常		总是	
	频数	百分比	频数	百分比	频数	百分比	频数	百分比	频数	百分比
我在网络媒体上了解到武汉市红色资源相关信息	17	8	37	17.5	90	42.5	52	24.5	16	7.5
我通过报刊杂志了解到武汉市红色资源相关信息	27	12.7	63	29.7	87	41	29	13.7	6	2.8
所在学校上课时有涉及武汉市红色资源相关内容	11	5.2	29	13.7	91	42.9	72	34	9	4.2
我曾通过校外参观访问了解武汉市红色资源	25	11.8	57	26.9	73	34.4	43	20.3	14	6.6
我所在学校社团组织武汉市红色资源相关活动	25	11.8	66	31.1	72	34	42	19.8	7	3.3
我曾通过武汉市旅行社景点介绍了解红色资源	49	23.1	59	27.8	56	26.4	44	20.8	4	1.9
我参加过学校组织的学习参观红色资源的活动	23	10.8	63	29.7	79	37.3	42	19.8	5	2.4

相关矩阵

		第11题（1. 我在网络媒体上了解到武汉市红色资源相关信息）	第11题（2. 我通过报刊杂志了解到武汉市红色资源相关信息）	第11题（3. 所在学校上课时有涉及武汉市红色资源相关内容）	第11题（4. 我曾通过校外参观访问了解武汉市红色资源）	第11题（5. 我所学校社团组织武汉市红色资源相关活动）	第11题（6. 我曾通过武汉市旅行社景点介绍了解红色资源）	第11题（7. 我参加过学校组织的学习参观红色资源的活动）
相关	第11题（1）	1.000	0.580	0.313	0.585	0.540	0.334	0.425
	第11题（2）	0.580	1.000	0.306	0.528	0.407	0.446	0.500
	第11题（3）	0.313	0.306	1.000	0.240	0.285	0.186	0.258
	第11题（4）	0.585	0.528	0.240	1.000	0.576	0.422	0.532
	第11题（5）	0.540	0.407	0.285	0.576	1.000	0.443	0.528
	第11题（6）	0.334	0.446	0.186	0.422	0.443	1.000	0.425
	第11题（7）	0.425	0.500	0.258	0.532	0.526	0.425	1.000

关于大学生对武汉市红色文化资源的了解途径（见表6-9），有32%的同学表示总是或经常通过网络媒体，有16.5%的同学表示总是或经常通过报刊媒体；有时通过网络媒体和有时通过报刊杂志媒体的同学占比分别为42.5%和41%。有81.1%的同学表示有时，经常和总是通过课堂；有61.3%的同学表示通过校外参观访问；有57.1%的同学表示有时，经常或总是通过学校社团活动；有49.1%的同学表示通过旅行社景点介绍。由以上数据可以看出，网络媒体上的红色文化资源信息相比报刊杂志来说，还是更容易被大学生接触、了解，更能凸显信息化时代的优势。通过学校上课了解不失为一个很好的方式，但是也会突显没有实际经历的缺陷，学校组织参观学习活动就可以很好地弥补，但从调查结果来看，这方面学校还较为欠缺，所以提升大学生对红色文化资源的了解，不仅需要提高大学生的自主性，也需要学校加强引导。

（三）武汉市红色文化纪念场馆的教育功能发挥的总体状况

通过对武汉市红色场馆历时八天的参观和走访，调研团队较为全面地了解了武汉市丰富的红色资源，以及各类红色文化纪念场馆教育功能的发挥情况。

1. 各类红色文化纪念场馆的概况

(1) 革命历史人物住所及纪念馆

①汉口中共中央宣传部旧址暨瞿秋白同志旧居。该场馆位于武汉市江岸区吉庆街，日参观人数15人左右，占地面积约400.93平方米，参观所需时间30分钟左右，开放时间为9：00—17：00（周一全天闭馆），门票免费，交通较为便利，靠近汇通路公交站，有581路、1路、727路、38路、801路公交汽车到达。

场馆展示内容具有较强的历史价值，记录了1927年初武汉成为大革命的中心后，国民党中央和国民政府由广州迁往武汉，中共中央各机关亦陆续从上海迁往武汉的背景下，中国早期领导人之一，时任中共第四届中央执行委员、中央局成员、宣传部委员的瞿秋白于1927年3月抵达武汉，以原辅义里27号作为他的住所和中宣部办公地，并在此先后主持中宣部和中共中央的工作。场馆内有瞿秋白同志起草的《中国共产党宣言》、“八七”会议会议记录等珍贵资料，有很多的历史实物的留存，具有较高的史料价值。场馆布局科学，场馆内无讲解设备，团队参观经提前预约，可安排讲解员。场馆内的图文展示和实物展示都很丰富，对瞿秋白的革命事迹讲述详细，可以极大地感染前来参观的人，对提高人们的思想水平有积极作用。

②周恩来故居。该场馆位于武汉大学校内，日参观人数20至30人，参观所需时间30分钟左右，开放时间为每周二、四、六的14：30—17：00，门票免费。附近有东湖村、风光村等公交站，有402路公交汽车到达。

场馆展示内容具有较强的历史价值，记录了在抗日战争时期，南京失守后，国民政府和国名党中央机关大部分迁移到武汉，武汉成为全民族抗战的指挥中心的背景下，周恩来从延安来到武汉寓居“珞珈山十八栋”27号，在这里组织抗日宣传活动，给军官训练团授课，并会见国民党高级将领、民主人士、文化界和新闻界的知名人士，宣传共产党抗日主张。馆内陈列了较多20世纪30年代的物品，主要是与中国当代革命相关的书籍、信件以及周恩来与很多知名国内外人士的合影，有较高的史料价值。场馆布局科学，无专门的讲解人员。

③毛泽东故居。该场馆位于武汉市武昌都府堤路，日参观人数1000人

左右，占地面积 7900 平方米，参观所需时间 30 分钟左右，开放时间为 9：00—17：00（周一全天闭馆），门票免费，可乘 413、530、804 路公交车到解放大道司门口站，或乘 413、572 路公交车至民主路司门口站。

场馆所展示内容有较强的历史价值，记录了在 1927 年 2 月 12 日，毛泽东返回武汉，居住在武昌都府堤 41 号。在这里，毛泽东与杨开慧和幼子毛岸英、毛岸青有一段难得的稳定生活。该处的客房先后居住过蔡和森、郭亮、澎湃、夏明翰、毛泽民、毛泽覃等人。毛泽东在这里挑灯撰写了《湖南农民运动考察报告》。该场馆展示了毛泽东同志在武汉的事迹，史料价值较高。场馆布局科学，场馆内无讲解人员，自行参观，解说效果一般。场馆通过复原毛泽东同志当时的生活环境，展示了毛泽东同志在武汉的革命事迹，体现了毛泽东同志等老一辈革命家为了中国的革命事业不断奋斗，为振兴中华不断前进的伟大精神，教育效果较好。

（2）重大历史事件旧址

①中央农民运动讲习所。该场馆位于武昌红巷 13 号，日参观数 1000 人左右，占地面积 4784 平方米，参观所需时间 40 分钟左右，开放时间为 9：00—17：00（周一全天闭馆），门票免费，可乘公交 14 路、15 路、576 路、19 路、521 路 576 路、16 路、804 路、607 路、578 路、566 路、530 路、514 路、16 路等。

场馆展示内容有较高的历史价值，记录了第一次国共合作时期，毛泽东倡议在武昌创办培养农民运动干部的学校，并主持农讲所全面工作，同邓演达、瞿秋白、彭湃、李立三、恽代英等共产党人和国民党左派人士共同努力，指导来自全国 17 个省区的学生学习革命理论和农运知识，进行军事训练，参加社会斗争，培养了一批优秀的农运骨干。馆内保存了毛泽东 1927 年撰写的《中国佃农生活举例》、农讲所规约、农讲所学员佩戴的证章等 300 余件，史料价值较高。场馆布局科学，有专门讲解人员，讲解效果好，需提前预约。通过毛泽东筹办主持武昌中央农民讲习所及前后的革命实践和理论思考，为探索“农村包围城市，武装夺取政权”的中国革命道路奠定了初始之基的参观体验，能激发的大学生责任和担当意识。

②中共中央机关旧址。该场馆位于汉口胜利街，日参观人数 200 人左右，占地面积 1140.78 平方米，参观所需时间 1 小时左右，开放时间为 9：00—17：00，门票免费，可乘 1 路、24 路、402 路、408 路到中山大道大智路站，或乘 313 路到鄱阳街兰陵路，或乘 38 路、313 路、402 路、

520 路、526 路到胜利街兰陵路。

场馆展示内容有较高的历史价值，记录了 1926 年 9 月至 1927 年 10 月中共中央领导的革命斗争以及做出的一系列影响中国革命进程的重大决策，反映了中国共产党探索中国革命道路的艰难历程。场馆复原了 1927 年中共中央机关警卫人员办公室、中共中央常委会会议室等房间，恢复蔡和森、王若飞等人办公室及卧室，中共中央秘书厅文书、财务等办公室，恢复陈独秀、彭述之等人办公室及卧室，其史料价值也较高。场馆布局科学，馆内有专门的管理人员，有专门的讲解设备，也可以扫二维码对场馆进行了解，且具备专业讲解人员，需付费和提前预约，教育效果良好。场馆分为革命中心北移与中共中央迁汉、大革命失败与中国五大、革命危机加深与中共应对危机的努力、大革命全面失败与“八七”会议以及土地革命战争兴起与中共中央离汉五个部分进行展示，对大学生更加深刻地了解中国革命道路的艰难有着重要意义。

③京汉铁路总工会旧址。场馆位于武汉市汉口解放大道，日参观数 50 人左右，占地面积 240 平方米，参观所需时间 20 分钟左右，开放时间 9：00—17：00，门票免费，可乘 42、522、524、549 路到达。

场馆展示内容有较高的历史价值，记录了 1923 年 2 月 3 日，在郑州成立的京汉铁路总工会因军阀的干涉和破坏秘密转移到此处办公，领导全路总同盟大罢工的历史。这里曾是中国共产党领导京汉铁路总统们罢工斗争的指挥中心。馆展示内容主要为旧址复原，相关史料陈列较少，史料价值一般。场馆布局较为合理，无讲解员，只是在原来的基础上配上了文字和图片解释，教育效果不是非常明显。

④八路军武汉办事处旧址。该场馆位于武汉市汉口长春街，日参观人数 100 余人，占地面积 2252.6 平方米，参观所需时间 1 小时左右，开放时间为 9：00—17：00（周三全天闭馆），门票免费。

场馆展示内容有较高历史价值，记录了抗日战争爆发后，经董必武同志筹备建立，1937 年 10 月在武汉建立八路军武汉办事，为八路军、新四军筹备粮饷和各种军需物资，开展宣传工作，动员人民群众，参加抗日战争，输送大批爱国青年赴延安和抗日前线，并热情接待了国内外各界人士，阐明我党抗日主张，广泛开展抗日民族统一战线活动，为争取抗日战争胜利的历史。馆内藏有文物 84 件，其中有周恩来用过的毛毯、董必武用过的公文包、钱之光的证章、第十八集团军证章、抗敌宣传二队队旗、长江局交通员使用的皮箱等6件国家一级文物，史料较为丰富。馆内在一楼和二楼分别布有《大武汉1938》和《榜样》主题展览。三楼和四楼复原陈列了周恩来和邓颖超、秦邦宪、董必武、叶剑英的办公室兼卧室，以及副官室、接待室、办公室、会客室、会议室、电台室、机要科等。馆内除了展示历史文物原件和珍贵的影像资料，还有利用现代科技手段提供的相关动态讲解，生动易懂，教育效果较好。

（3）历史人物纪念碑（烈士陵园）

①施洋烈士陵园。该陵园位于武昌区武珞路，日参观人数20人左右；占地面积：11889平方米，参观所需时间30分钟左右，开放时间为上午9：00—11：00，下午15：00—16：30（周四下午，周日全天闭馆），门票免费，可乘坐413路、518路、703路、797路、804路、811路、59路、66路、401路、413路、503路、510路、518路、538路等公共汽车到达。

该场馆展示内容有较强的历史价值，由烈士牌坊、瞻仰广场、纪念碑、烈士墓和纪念馆五个部分组成。纪念馆布展从热血赤子、劳工律师、二七英烈、精神永存四个部分讲述了施洋烈士如何为人民群众奋斗一生，主要以历史图片和文字说明为主，展柜中也都是一些纪念书籍和党史记录，而且其中大多都是影印本，流传下来的历史真迹比较少。场馆布局较为科学合理，无讲解员，教育效果较好。

②向警予烈士陵园。该陵园位于武汉市汉阳区龟山景区，占地面积50平方米，参观所需时间30分钟左右，全天开放，门票免费，可乘413、401、522路公共汽车到达。

该陵园为纪念我党早期优秀党员、中国妇女运动的先驱者、模范妇女领袖向警予烈士和中国土地革命战争时期牺牲的烈士而修建。场馆无实物与时事资料。烈士陵园共分为向警予烈士生平、向警予烈士雕像、向警予烈士墓和红色战士公墓四个部分，布局合理。开放性场馆并不具备任何形式的解说，因此教育效果较为一般。向警予烈士陵园为武汉市重要革命传统教育基地之一，每年有数万名青少年学生、解放军官兵、干部、职工以及全国各地的人民群众前来瞻仰、祭扫和缅怀先烈。

（4）博物馆（纪念馆）

①中山舰博物馆。该博物馆位于江夏金口街，日参观数2500人左右，占地面积11000平方米，参观所需时间1—2小时左右，开放时间为9：00—17：00（周一全天闭馆），门票免费，可乘910路公共汽车到达。

场馆展示内容历史价值较高。中山舰历经“护国运动”“护法运动”“孙中山广州蒙难事件”“中山舰事件”和“武汉会战”等重大历史事件，为中国近现代史上重要的历史见证物。场馆以中山舰的建设、沉没、打捞及再修复为线索，追寻中山舰的历史烟尘，瞻仰中山舰的昂首英姿，深切地感受中华民族近百年来兴衰沉浮的历史，深切地缅怀孙中山的民主革命先驱和萨师俊等抗战英烈，展现了中华民族不屈不挠、前赴后继、自强不息、奋力崛起的伟大精神，进一步凝聚海内外炎黄子孙的民族情感，其蕴含的历史价值极高。中山舰出水文物精品陈列展厅展示中山舰出水的文物，分为铭牌证章、舰载设施、武器装备、生活用品四个部分，展出的藏品包括孙中山半身像、长崎三菱造船所厂牌、“精神如见”银质匾牌、铜军号、调速器、缆绳发射器、冲锋枪、哈奇开斯机关、枪勃朗宁手枪、“永丰”铭文咖啡壶、“永丰”铭文铜果盘、“永丰”铭文铜茶壶及缝纫机，自行车等。三楼展厅尽头设置游客体验区，使用 VR 技术，能够使游客身临其境地近距离观察文物。有藏品五千余件，其中一级文物 60 件，珍贵文物 1716 件，史料价值非常高。场馆布局科学，有专业的讲解人员、讲解设备及二维码等自助体验设备。场馆特展详细展出了中山舰历时一百天的打捞过程，既是一种怀念，又是一种铭记。怀念的是那些为民族独立和国家富强而不懈奋斗的仁人志士，铭记的是那段用血和泪谱写的悲壮历史。中山舰舰体展示以及对有关历史事件的展示，能够让参观者追寻着中山舰的风雨历程感受爱国主义和民主革命精神，加深对抗日历史的深切体会，坚定自身的责任感与使命感，教育效果十分明显。

②二七纪念馆。该纪念馆位于江岸区解放大道，日参观数 300 至 400 人左右，占地面积 25200 平方米，参观所需时间 1 小时左右，开放时间为 9：00—17：00（周三全天闭关），门票免费，可乘 4 路、211 路、212 路、313 路、508 路等公共汽车到达。

馆内展示内容有较高的历史价值。场馆为纪念 1923 年京汉铁路大罢工及“二七”惨案而建成，1923 年 2 月，京汉铁路工人在中国共产党领导下，为争取成立总工会的自由和工人阶级的政治权利，进行了反帝反封建的罢工斗争。这次罢工斗争，得到全国人民和世界无产者的有力声援，大大提高了中国共产党的政治威望，充分显示了中国工人阶级伟大的团结与战斗力量，在中国工人运动史上谱写了光辉灿烂的一页。馆内藏有文物实物 89 件，其中，国家一级文物 3 件，二级文物 17 件，展线长达 1200 米，馆藏包括京汉铁路总工会成员使用过的铁锤，油灯，工会相关文件等，其史料价值较高。馆内的陈列厅分为七个部分，详细地介绍了“二七”革命斗争的全过程；陈列了老一辈无产阶级革命家及当代党和国家领导人的题字、文章、画作，以及“二七”发源地继承和发扬“二七”传统、再创新业绩的各个时期的英模事迹，展示效果较好。有专业的讲解人员，团队请讲解员需要提前预约，讲解人员的素质极高，教育效果良好。

（五）小结

通过对武汉市各类红色文化纪念场馆的走访和调研，可以得出如下结论：

第一，不同红色文化纪念场馆的日参观人数对比差异较大。各类场馆因各自不同的规模、地理位置和历史价值，在日接待参观人数上有较大的差别，如位于武汉大学内的周恩来故居日参观人数一般在 20—60 人之间，而位于江夏的中山舰博物馆日参观人数可达2500人。虽然不同馆有差异较大的人流量，但在清明节、国家公祭日等具有特殊意义的时期，都会出现一个峰值。

第二，红色场馆普遍配备了讲解设施及专业维护人员。除了位于居民区内的伏虎山烈士陵园和兼有公园活动功能的烈士陵园内没有专门设置讲解员外，其他的纪念场馆一般都设有专业讲解员，部分馆也会在大学里招募志愿讲解员。场馆维护包括 3 个部分：清洁安保维护、文物的专业性维护、日常行政。

第三，大部分场馆与高校达成共建关系。大部分馆都有高校设置的社会实践基地或实习基地，如二七纪念馆与江汉大学、武汉科技大学等十多所大学共建了校外教育基地，中山舰也是武汉大学的实习基地，学校与场馆的共建关系对学校开展相关集体性活动有推动作用。

第四，企业单位、事业单位组织集体到红色纪念场馆参观学习是普遍现象，这些集体性学习一般是在清明节、国家公祭日等特殊意义的日子，或者是开展相关的主题活动、党员宣誓等。

2. 各类红色文化纪念场馆教育功能发挥存在的问题

武汉数量众多的各类红色文化纪念场馆，尽管在性质和规模上有所不同，但它们的教育功能是一样的，即通过参观体验，使参观者在认识和感悟历史中，净化思想，提升境界，补足精神之“钙”。总体来说，武汉的大部分红色场馆具备了基本的功能，都做到了图文并茂，尽可能通俗且全面地解释历史，同时陈列修复的文物或复制品、相关人物历史事件的雕刻，目前大部分场馆也都配备了电子讲解设备，不少场馆还运用科技，设有 VR 体验区，弥补参观者不能触摸文物的遗憾，提升参观者的体验，让参观者有更持久的记忆。但不可否认，各类红色文化纪念场馆教育功能的发挥也还存在一些问题。

一是尽管大学生对展馆所展示的杰出革命人物的知晓度和认同度较高，但前来主动参观学习的人数并不多。同时，武汉红色教育资源多为简单展示历史人物及相关事件介绍，而少有将其身上的闪光点与时代启示完美对接，因而使大学生难以在学习参观时产生亲身感受和切实体会，也无法将从这些人物身上受到的激励作用内化于心、外化于行。另外，主管部门对纪念馆的重视力度不够，在维修及宣传方面态度被动。比如，周恩来故居位于武汉大学内，但周恩来故居的知名度远不及武大樱花，在团队成员去实地调研时，甚至无法知道其准确的开放时间，也无法在网上查询到。而谈到定期维护时，管理人员无奈表示，周恩来故居很多修护都是在发现问题后才采取措施。在宣传上也不够到位，周恩来故居虽然是爱国主义教育基地，但很多同学甚至武大校内同学也并不知道周恩来故居的存在或具体位置，纪念馆大部分只是被动地接受一些相关单位或组织的学习参观。

二是重大历史事件旧址类的红色文化资源虽大多与高校达成共建关系，但其效果并不显著，红色教育资源宣传主动走进高校活动较少。这类资源在大学生红色文化教育教学方面缺少有效整合，形式比较单一，比较分散，实效性不强。一些旧址由于地理位置的原因，与大学的合作交流处于“心有余而力不足”的状态，大学生几乎处于“不知情”“不了解”的状态。

三是历史人物纪念碑（烈士陵园）多设在室外，管理力度较小，缺乏日常的维护和修缮，对大学生的吸引力有待加强。历史人物纪念碑（烈士陵园）类场馆面积一般较大，在管理上的力度较小，大部分烈士陵园没有讲解员，主要是自行参观，不利于大学生对英雄事迹的深入了解。部分烈士陵园墓地商业化气息较浓，对参观学习的学生、游客等不够重视，历史事件没有得到很好的宣传，烈士墓也没有得到较好的保护，不利于大学生对英雄事迹的学习，不利于红色精神、革命精神的传播。部分烈士陵园（纪念碑）的知名度较小，宣传力度低，大学生对其知晓率也很低，一定程度上也会导致大学生的参观率低。烈士陵园普遍缺少具有研究价值的史料，无法满足学生对相关历史事件和历史人物的主要事迹深入了解的需要，从而导致其教育功能的发挥受限。

四是大型博物馆能充分挖掘和利用红色文化资源，史料十分丰富，蕴含的历史价值高；场馆内展厅分布有序，展示科学；且管理正式，管理人员与讲解人员的设置都非常完善；也十分重视宣传，充分利用新媒体平台；能充分利用现代科技手段，采用 VR 技术，使得大学生能够身临其境地观察文物。但在场馆内开展集体学习活动还是以企事业单位为主，如开展集体党员宣誓活动，一定程度上限制了其对大学生的教育功能的发挥。一些小型纪念馆，由于受社会关注度小，从而忽视对其的建设，展示内容较为陈旧，史料没有得到很好的挖掘，导致无法发挥其应有的教育功能。

四、优化各类红色文化纪念场馆教育功能发挥的对策

习近平总书记在全国高校思想政治工作会议上的讲话中指出，要坚持把立德树人作为中心环节，把思想政治工作贯穿教育教学全过程，实现全程育人、全方位育人，努力开创我国高等教育事业发展新局面。武汉市努力将红色场馆资源体验与思想政治教育教学相结合，探索加强和改进大学生思想政治教育的新途径和新方法，优化红色文化资源教育功能的发挥。

第一，要增强各类红色文化资源主体责任意识。各类红色文化资源的管理部门设立专门的维护制度，定期对纪念馆及相关文物进行维护检修，同时合理布局纪念馆设施，使其更具科学性，提高大学生的参观学习的意愿。要将室外雕像、纪念碑等室外展示方式与室内相关史料、视频等对历史事件的室内介绍展示相结合。要建设一些室内的展馆，展示一些保存较好的史料，并且加入视频介绍，激发参观学生的兴趣，培养大学生对相关历史事件和历史人物的兴趣，以更好地发挥红色资源的教育功能。室外场馆要加强管理，适当设置讲解员，为参观学生进行讲解介绍。要加强与高校共建，会定期在网上招募大学生志愿者，进行培训，然后参加义务讲解。在相关节日的时候也可以做一些宣传展板，让大学生在参观时有更多内容可以阅读。

第二，高校要加强对红色教育教学资源的整合。要在学校党委的统一部署和协调下，拓宽大学生思想政治教育的内容、渠道和途径，将高校红色文化教育教学资源连成线、形成片、结成网，最大限度地发挥“红色效

应”。高校整合资源，加强红色文化教育教学不仅有着重要的现实意义和深远的历史意义，而且有着相当的可行性。学校可以结合自身发展历史特点与专业特色，开发利用学校当地及周边其他资源，不断丰富学生红色文化教育教学的内容。在网络在大学生群体中迅速普及的大环境下，红色文化教育教学途径也应当不断拓展，要充分利用微博、微信、QQ 等新兴信息沟通载体，定期或者随时随地和大学生进行平等、有效的思想交流与对话，积极推进红色文化教育教学进课堂、进网络、进头脑，并潜移默化到大学生的思想意识之中。

第三，要总结和借鉴其他城市好的经验。上海市通过电子学生证、红色电子护照等方式推动学生参观学习红色文化纪念场馆，方式新颖，易于被广大学生所接受，对此我们团队拟提议推进武汉市实施大学生“红色学分”或“德育实践学分”计划，将红色场馆资源体验与“红色”教学相结合，努力探索、加强和改进大学生思想政治教育的新途径和新方法，使“红色资源”成为高校思想政治教育的良好载体和有效途径。

第四，设立红色学分，传承红色基因。提议在武汉市高校内推行“红色学分”或“德育学分”计划，并争取与武汉市各红色场馆达成共建关系。高校与红色资源应当本着资源共享、优势互补、互助协作、共同发展的原则，通过开展“线上+线下”互动交流、红色资源和理论成果共享等方式，充分发挥高校的理论优势和纪念馆的实践优势，将红色教育实践活动不断推向深入，努力开创大学生爱国主义教育的新局面。“红色学分”计划，就是大学生通过红色导航手册，去到武汉市各红色场馆参观学习，并获得走访签章证明，撰写红色笔记、学习心得，以期获得高校设立的红色学分。习近平总书记曾谈到，每一个红色景点都蕴含着丰富的政治智慧和道德滋养，而这些革命传统资源是开展爱国主义和党性教育的生动教材。此项计划的目的是希望大学生能够主动地去接受红色资源教育，更好地传承红色基因，弘扬红色精神。

参考资料：

[1] 安向荣. 湖北改革开放的历史进程 [J]. 政策，2008 (12)：15-17.

[2] 郑自来，郝以钢. 武汉革命胜迹 [M]. 武汉：武汉出版社，2001.

[3] 张琦. 武汉红色资源被企业开发的现状分析 [J]. 企业导报，2014 (01)：120.

[4] 王妍莉，杨改学，王娟，杨瑞姣. 基于内容分析法的非正式学习国内研究综述 [J]. 远程教育，2011，29 (4)：71-76.

[5] 张卫平，浦理娥. 国内非正式学习的研究现状剖析及对策 [J]. 中国远程教育，2012 (7)：58-61.

[6] 汤雪平. 场馆学习：一种非正式的学习方式 [J]. 江苏教育研究，2016 (C1)：60-62.

[7] 沈炯靓. “场馆学习”——探索新的教学方式 [J]. 基础教育课程，2014 (3)：47-49.

团队名称：寻迹团队

指导老师：侯志军

团队队长：史小清

团队成员：方　盼　任雅楠　周洪竹　张　婷

田　宁　屈青松　陈立志　姚子昊

附录

关于大学生对红色文化资源认知状况的调查问卷

亲爱的同学：您好！为了解武汉市大学生对红色教育资源的了解和认知态度，深入挖掘武汉市红色教育资源的丰富内涵，进一步加强红色文化在大学生思想政治教育中发挥的作用，我们组织了本次调查。希望您能够仔细阅读每一个问题，并认真作出选择，在所选项上标出“√”。本次调查不记名，并对数据严格保密，请根据自己情况如实填写，以保证问卷调查的真实性和客观性。谢谢您的合作，祝您学业有成，生活幸福！

一、基本信息

1. 您的性别是。

A. 男　　B. 女

2. 您所在的高校类别是。

A. “985”工程大学　　B. “211”工程大学　　C. 普通一本

D. 普通二本　　E. 高职高专　　F. 其他

3. 您所学的专业门类是。

A. 哲学　B. 经济学　C. 法学　D. 教育学　E. 文学

F. 历史学　G. 理学　H. 工学　I. 农学　J. 医学

K. 军事学　L. 管理学

4. 您所在年级是。

A. 大一　B. 大二　C. 大三　D. 大四

5. 您的政治面貌是。

A. 中共党员　B. 共青团员　C. 群众　D. 其他

6. 您是否参观学习过武汉市的红色资源?

A. 是　B. 否

7. 如果您参观过武汉市红色资源，您一年内参观学习的频率是。

A. 1—2 次　B. 3—4 次　C. 4 次以上　D. 0 次

8. 您平均每次参观学习红色资源的时间是。

A. 1 小时以内　B. 2—3 小时　C. 3—4 小时

D. 4 小时以上

9. 您参观学习过以下哪些武汉市的红色资源?（多选题）

A. 辛亥革命武昌起义纪念馆　B. 中央农民运动讲习所

C. 施洋烈士陵园　D. 毛泽东故居　E. 二七烈士纪念馆

F. 武汉国民政府旧址　G. 武汉市革命博物馆

H. 武汉抗战纪念园

二、请根据您对下列陈述的同意程度打分，1 分表示“非常不赞同”，2 分表示“不赞同”，3 分表示“中立”，4 分表示“赞同”，5 分表示“非常赞同”。

序号	项　目	非常不赞同	不赞同	中立	赞同	非常赞同
		1	2	3	4	5
1	我认为武汉市红色资源内容丰富，表现形式多样					
2	我认为武汉市红色资源与日常生活有很大关联					
3	我对武汉市红色资源有亲身体验和切实感受					

续表

序号	项　目	非常不赞同	不赞同	中立	赞同	非常赞同
		1	2	3	4	5
4	我认为武汉市红色资源宣传教育形式多样					
5	我对红色文化很感兴趣					
6	我经常观看主旋律电影					
7	我经常阅读红色文化相关书籍					
8	我经常观看抗战题材电视剧					
9	我经常参观红色文化旅游景点					
10	我希望武汉市能加大红色资源宣传					
11	我认为当代大学生有必要了解、学习红色资源					
12	我认为红色革命精神对当今社会仍有积极意义					
13	红色资源能使我了解历史文化和历史人物					
14	参观红色资源会使我对国家和党的历史产生自豪					
15	学习参观红色资源能激励我坚定理想信念，不断前进					
16	参观红色资源只是娱乐方式，我没有什么感受					
17	我十分愿意主动参观学习武汉市的红色资源					
18	我认为高校应该充分利用武汉市红色资源对大学生开展教育					
19	我更希望独自参观学习红色资源					

续表

序号	项　目	非常不赞同	不赞同	中立	赞同	非常赞同
		1	2	3	4	5
20	我希望在参观学习时有专业讲解人员陪同					
21	我在参观时倾向于使用自助讲解设备（如二维码）					
22	我喜欢在参观学习时加入参与性的体验活动					

三、请根据您对下列陈述的同意程度打分，1 分表示“从不”，2 分表示“极少”，3 分表示“有时”，4 分表示“经常”，5 分表示“总是”。

序号	项　目	从不	极少	有时	经常	总是
		1	2	3	4	5
1	我在网络媒体上了解武汉市红色资源相关信息					
2	我通过报刊杂志了解武汉市红色资源相关信息					
3	所在学校上课时有涉及武汉市红色资源相关内容					
4	我曾通过校外参观访问了解武汉市红色资源					
5	我所在学校社团组织参观武汉市红色资源相关活动					
6	我曾通过武汉市旅行社景点介绍了解红色资源					
7	我参加过学校组织的学习参观红色资源的活动					